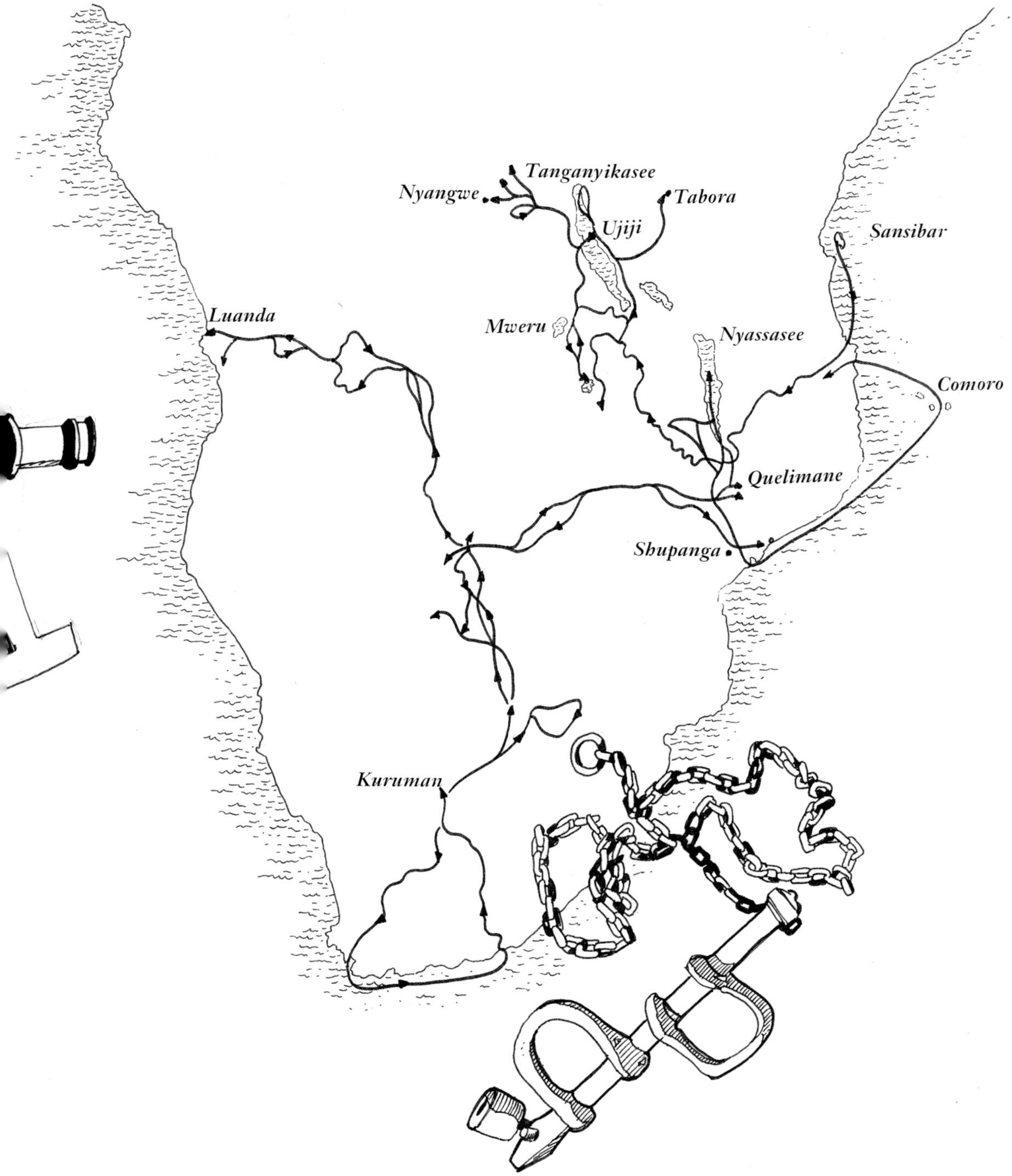
Tanganyikasee
Nyangwe
Tabora
Ujiji
Sansibar
Luanda
Mweru
Nyassasee
Comoro
Quelimane
Shupanga
Kuruman

Dr. David Livingstone

Mit Livingstone durch Afrika

Pierre Marc ★ *Jan Sovák*

bohem press

Übersetzung: Hinrich Schmidt-Henkel
Gestaltung: Roland Bollinger, Embrach
Satz: Oberli Photosatz AG, Zürich
Fotolitho: E. Beverari, Verona
Druck: Se.Graf., Saonara

ISBN 3-85581-244-6

Inhaltsübersicht

VORWORT 7

KAPITEL I
Livingstone will Afrika befreien 12
Anmerkungen 20

KAPITEL II
Die großen Pläne des jungen Davids 26
Anmerkungen 34

KAPITEL III
Erste Forschungsreisen 38
Anmerkungen 47

KAPITEL IV
Die Entdeckung der «Viktoriafälle» 50
Anmerkungen 59

KAPITEL V
Ehre, Ruhm und Rastlosigkeit 62
Anmerkungen 71

KAPITEL VI
Ein Journalist auf Livingstones Spuren 74
Anmerkungen 81

KAPITEL VII
Stanleys größter Triumph 84
Anmerkungen 91

KAPITEL VIII
Wo sind die Quellen des Nils? 94
Die Länder Afrikas – eine Übersicht 103

Die wichtigsten Daten
im Leben von Dr. David Livingstone 112

Wohl niemand hat den legendären Typus des Afrikaforschers so unverwechselbar und dramatisch verkörpert wie David Livingstone. Verfolgen wir seinen außergewöhnlichen, ereignisreichen Lebensweg, so sehen wir deutlich, wie und warum dieser Arzt, der als Missionar der anglikanischen Kirche nach Afrika gekommen war, hier und nur hier zum Entdecker werden mußte. Er war nämlich sowohl arm als auch einsam, und eben darin war er diesem Kontinent verwandt, den er so hartnäckig und zäh erforschte.

Der Journalist Stanley war Engländer von Geburt, war aber in Amerika aufgewachsen, dem er sich in Kultur und Denkungsart zugehörig fühlte. Hierin besteht seine Größe: durch seine einsame Tat, zu der ein unerschütterlicher Glaube ihn trieb, revolutionierte er das europäische Bild von Afrika und den Afrikanern.

Für Livingstone gilt dasselbe wie für Cook, für Kolumbus, Amundsen, Marco Polo und viele andere: ihr Lebensweg war in seinen Anfängen von besonderer Härte gekennzeichnet. Der kleine David hatte einen Arbeitstag von zwölf Stunden in einer schottischen Baumwollspinnerei zu bestehen, und er lebte mit der ganzen Familie, insgesamt sieben Personen, in einem einzigen, armseligen Raum.

Er brachte jedoch nach seinem aufreibenden Arbeitstag noch die Energie und den Willen dazu auf, sich selbständig weiterzubilden und später sogar die Abendschule zu besuchen. Als er endlich Arzt geworden war, trieb ihn sein unbezähmbarer Wunsch, der leidenden und unterdrückten Menschheit zu dienen, dazu, als Missionar nach Südafrika zu gehen. Und hier wandelten sich seine Berufung und seine tiefe Zuneigung zu den Afrikanern in einen unbeirrbaren Forscherdrang; er wollte einen neuen Zugang zu den fremden Völkern finden und die Tragödie dieses unbekannten Kontinents begreifen lernen, der durch das Übel des Sklavenhandels noch mehr ausgezehrt war als ohnehin schon durch Unwissenheit und Aberglauben, Krankheit und Armut.

Seine Begegnung mit dem Stamm der Makalolo, den ersten Trägern, die ihm auf seiner historischen Reise «von Küste zu Küste» halfen, die Entdeckung der Viktoriafälle, sein Versuch, auf dem Sambesi ins Herz des Kontinentes vorzudringen, die Expedition zum großen Njassasee (heute auch Malawisee), seine verzweifelte Suche nach den Quellen des Nils – dies waren nichts als abenteuerliche Stationen einer wenn auch entbehrungsreichen, so doch unbeirrbar verfolgten humanitären Mission. Eine Mission, zu der ihn kein anderer Beweggrund trieb, als Afrika kennenzulernen, um dann auf der ganzen Welt das tragische Geschick dieses Kontinents bekanntzumachen.

Wollen wir die Bedeutung Livingstones daran ermessen, daß Afrika gewissermaßen die Mündigkeit erlangte, so müssen wir auch die journalistische und biographische Leistung von Henry Morton Stanley berücksichtigen. Dadurch, daß es ihm glückte, Livingstone im Herzen Afrikas, im Dorf Ujiji, zu finden, konnte er in England diesen furchtlosen

Forscher und Glaubensmann wieder in Erinnerung bringen, wo man ihn schon seit Jahren völlig vergessen hatte.

Stanleys Berichte waren eine der größten journalistischen Leistungen seines Jahrhunderts. Er schuf dem mittlerweile müde gewordenen, alten englischen Missionar einen legendären Ruf, der um die ganze Welt eilte. Genau das aber war nötig, um auf internationaler Ebene ein ernsthaftes Interesse am Geschick des afrikanischen Kontinents zu wecken. Und das war ja Livingstones eigenstes Ziel.

Stanleys großer Aufmacher im «New York Herald» bewirkte gemeinsam mit den Artikeln und Veröffentlichungen, die ihm folgten, daß das Interesse der protestantischen und katholischen Missionare sich endlich den Ländern und Völkern zuwandte, über die Livingstone schon Jahre zuvor eine Reihe wenig beachteter Artikel aus Afrika nach London gesandt hatte.

Auf Stanleys Aufrufe hin wurden Solidaritätsveranstaltungen, Vorträge und Sammlungen organisiert, um in Afrika neue Missionsstationen zu errichten und mehr Missionare als zuvor dorthin zu entsenden.

Um die 70er Jahre des vorigen Jahrhunderts war man sowohl im viktorianischen England als auch in den anderen europäischen Nationen davon überzeugt, daß die Kolonisierung Afrikas nicht nur den sogenannten Mutterländern, sondern auch Afrika selbst von großem Nutzen sein konnte. Der Handel und die Begegnung mit den Industriekulturen würde den Stammesgesellschaften helfen, ihre Rückständigkeit, ihre Unwissenheit, Elend und Sklaverei zu überwinden. Afrika würde, so dachte man, durch den Kontakt mit der europäischen Zivilisation befreit werden. Daß auch Afrika eine eigenständige, wertvolle Kultur aufwies, übersah man dabei schlichtweg.

Diese überhebliche Einstellung war der Grund dafür, daß sich den edlen menschlichen und religiösen Absichten der Missionsstationen bald die egoistischen Interessen der Politiker mit ihren nicht gerade geistlichen Zielen zugesellten. Belgier, Engländer und Franzosen im Kongo, in Kenia, Sambia und Uganda, auf Madagaskar und in Guinea, Deutsche auf Sansibar, in Tansania, Kamerun und in Ostafrika waren in den sogenannten «Schutzgebieten», also in den Kolonien, die selbsternannten Sendboten der Zivilisation. Die europäischen Großmächte hatten den Startschuß zum «Sturm auf Afrika» gegeben, zur Ära des Kolonialismus auf dem ganzen Kontinent. Man stelle sich einmal vor, daß zu Anfang unseres Jahrhunderts allein Äthiopien und Liberia noch selbständig waren. «Wir reisen», so war über das Selbstverständnis der Kolonisatoren in den damaligen Zeitungen zu lesen, «als Abgesandte einer Regierung nach Afrika, die die elendesten Mitglieder der Menschenfamilie zu erretten wünscht ... wir kommen als Friedensboten zu einer Rasse, die bis heute gedemütigt und mit Füßen getreten worden ist ...»

Auch der arglose Livingstone hatte in all seiner Liebe für jene Völker, die er den Weißen bei weitem vorzog, eine Art Kolonisierung im Sinn. Er dachte jedoch an etwas völlig anderes als an demütigende Unterwerfung und Ausbeutung der afrikanischen Völker – darin bestand nämlich die «Rettung der elendesten Mitglieder der Menschenfamilie». Livingstone stellte sich vielmehr vor, daß durch technische Hilfsmittel und durch für beide Seiten vorteilhaften Handel das Christentum und mit ihm die wahre Rettung nach Afrika gelangen würde.

Im Jahre 1852 schrieb er: «Um die Kolonien ist es dasselbe wie um eigene Kinder: eine gewisse Zeit lang werden sie beschützt und gehorchen aus einer Mischung von Anhänglichkeit und Schwäche; verlangt man von ihnen jedoch Unterordnung über den Moment hinaus, da sie das Recht begehren, selber über sich zu bestimmen, so fordert man einen Haß heraus, der jene schwache Dankbarkeit, zu der der Mensch in der Lage ist, vollkommen zunichte macht.»

Diese Worte zeigen Livingstones Überzeugung, der einzige Weg zur Befreiung der Afrikaner sei eine solche «Kolonisierung auf Zeit», mit deren Hilfe sie in die europäische Zivilisation eingegliedert werden könnten. Wahrscheinlich lag auch ihm als Sohn seiner Zeit ein gewisser Hang zum Kulturimperialismus nicht fern. Mit diesem Begriff ist die für die Kolonisierung typische Einstellung gemeint, daß die Kultur Afrikas nicht ernstgenommen, sondern daß sie für weit unter dem europäischen Kulturniveau stehend gehalten wurde. Man muß jedoch auch berücksichtigen, daß Afrika um die Mitte des 19. Jahrhunderts von Elfenbeinhandel und Sklavenjagd schon unwiederbringlich ausgeblutet war. Es war die letzte Gelegenheit, um etwas für den Kontinent zu tun, dessen war sich Livingstone bewußt. Allein aus diesem Grund – und auch hierin unterschied er sich von seinen Zeitgenossen – war er davon überzeugt, nur das Eingreifen der Europäer könne Afrika aus seiner schicksalhaften Isolation befreien und der Sklaverei, mit der sich selbst Nachbarstämme gegenseitig auslöschten, ein Ende bereiten.

Obwohl es ihm freundschaftlicher Beziehungen und des Ansehens wegen, das er bei der englischen Regierung genoß, durchaus möglich gewesen wäre, von ihr Schritte zur Kolonisierung Afrikas zu verlangen, fiel ihm das nie ein. Er tat zwar alles, um materielle Unterstützung für seine Feldzüge gegen den Sklavenhandel zu erlangen, aber allzuviel Illusionen machte er sich nicht dabei: er war sich dessen bewußt, daß ihm das Schicksal des einsamen Forschers bestimmt war, der Jahr um Jahr neue Wege, unbekannte Völker und Gebräuche kennenlernen wollte, um die bislang weißen Flecken der Karten mit Flußläufen, Bergketten, Seen, Sümpfen und Ebenen zu füllen und so die Befreiung Afrikas vorzubereiten, die er sich ohne eine genaue Kenntnis des ungeheuren Kontinents nicht vorstellen konnte.

Seine Reisen, die wegen der körperlichen und seelischen Strapazen, welche Livingstone mit beeindruckender Willensstärke auf sich nahm, auf uns heutige Menschen unvorstellbar wirken, diese Reisen stellen ihn an die Spitze aller Afrikaforscher des 19. Jahrhunderts.

Man stelle sich vor, daß er 30 Jahre seines Lebens in Afrika verbrachte und auf seinen Reisen von Ujiji zum Kap der Guten Hoffnung, von Sansibar nach Luanda insgesamt 50.000 Kilometer zurücklegte – zu Fuß!

Am 18. April 1874, nachdem ganz London Livingstone auf seinem letzten Weg das Geleit gegeben hatte, erschien in den Zeitungen ein Nachruf im Trauerrand: «Die Westminster Abbey hat ihre Tore manchen Männern geöffnet, die in der Geschichte der Menschheit eine wichtige Rolle gespielt haben, aber heute Nachmittag spürten viele der Anwesenden, daß nur selten jemand im heiligen Boden dieser Kirche bestattet worden ist, der es mehr verdient hätte als dieser Mann. Ein Mann, der in seiner Pflichterfüllung aufging, ein Mann, dessen höchstes Ziel es war, dem Menschengeschlecht zu dienen und seine Kenntnisse zu erweitern. Ein mutiger, bescheidener, selbstloser Forscher, der Tugenden verkörperte, die unsere Nation stets ehren und anstreben soll, wie es unsere Religion fordert.»

P. M.

Am Spätnachmittag des 23. Oktobers 1871 erblickten die Übriggebliebenen der Expedition «Nil» – nach dreimonatiger Reise von Manyuema am Ufer des Lualaba her durch malariaverseuchte Sümpfe – die ersten Hütten von Ujiji, eines einsam am Ufer des Tanganyikasees gelegenen Dorfes.

Livingstone fieberte. Er lag ausgestreckt auf einer mehr schlecht als recht zusammengezimmerten Bahre. Sein treuer afrikanischer Diener Susi stand ihm zur Seite und befeuchtete hin und wieder einen Stoffetzen aus einer Feldflasche mit den letzten Resten ihres Wasservorrats, um ihm die heiße Stirn zu kühlen.

«Ujiji, Ujiji . . .» murmelte Livingstone und versuchte mühsam, sich auf der Bahre aufzurichten.

«Ja, Herr», beruhigte ihn Susi und bemühte sich, ihn zum Liegenbleiben zu bewegen. Er schützte Livingstone mit einer Decke gegen die Abendkühle, die sich über diese Gegend Äquatorialafrikas senkte. Hierhin hatte noch nie ein Weisser den Fuß gesetzt.

«Ujiji, dort ist unsere Arznei, das Chinin», flüsterte Livingstone mühsam mit schweißnassem Gesicht. «Dort werde ich gesund, und in ein paar Tagen können wir wieder aufbrechen...» «Ja sicher, Herr», wiederholte Susi und hüllte ihn fest in die Decke, die er über ihn gebreitet hatte.

«. . . Dann kehren wir nach Lomani zurück, nach Nyangwe in Manyuema bei den Quellen des Herodot – und finden endlich die Quellen des Nils!» «Ja, Herr, natürlich, Herr», versuchte Susi immer noch, ihn zu beruhigen. «Aber bis dahin müßt Ihr schön unter Eurer Decke bleiben.»

Das 1100 km westlich von Sansibar gelegene Dorf Ujiji war zu jener Zeit ein Knotenpunkt des arabischen Sklaven- und Elfenbeinhandels. Ein reger Bootsverkehr transportierte endlos scheinende Sklavenkarawanen mit ihrer Last von Getreide und Elefantenzähnen aus Schwarzafrika über den Tanganyikasee. Das schmutzige Geschäft wurde von einigen Gruppen arabischer Händler kontrolliert, die sich zu den Herrschern des ungefähr zweitausend Seelen zählenden Dorfs gemacht und so den einzigen Marktflecken der Gegend in ihrer Macht hatten, der Tag für Tag Hunderte von Afrikanern aus der Umgegend mit ihren armseligen Herden und Tauschwaren anzog. Am Ortsrand ließ Susi die Karawane Halt machen. Von dem langen Fußmarsch erschöpft, sanken die Männer auf den Erdboden. So auch die vier Träger der Bahre. Es war ein trostloser, erschütternder Anblick.

Susi berührte die Stirn seines Herrn und fand sie aus unerklärlichen Gründen weniger heiß als vorhin. «Mein Herr scheint gesund zu werden», freute er sich.

«Ja, seit wir uns Ujiji nähern, fühle ich mich ein wenig besser», bestätigte Livingstone und stützte sich auf die Ellenbogen. «Wir müssen jetzt zum Haus von Shereef und unsere Sachen abholen.»

«Ich gehe schon», Susi machte sich im Laufschritt auf den Weg. «Gleich bin ich zurück!»

Aus der Menge der Dorfbewohner, die sich beim Anblick der seltsamen Karawane genähert hatten, traten einige arabische Händler in ihren weißen Burnussen vor. «Willkommen, Doktor!» Einer von ihnen verbeugte sich.

«Moenyegheré!» rief Livingstone aus. «Wie dumm von mir, die Hoffnung fahren zu lassen! Ich hätte wissen sollen, daß ich hier Freunde wiederfinden würde!» «Nicht alle sind Euch freundlich gesonnen», dämpfte Moenyegheré seine Freude. «Nicht alle haben Euch den schuldigen Respekt erwiesen ...»

Livingstone, der den Sinn des Satzes nicht ganz erfaßt hatte, richtete sich unter angestrengtem Seufzen auf der Bahre auf. Er war glücklich, endlich, nach vielen Monaten wiederum mit anderen Menschen Kontakt zu finden; sollte in der Zwischenzeit etwas vorgefallen sein, so würde man sich später darum kümmern. Das Schicksal hatte ihn jedenfalls nicht ganz aufgegeben.

«Ich habe Euch so viel zu erzählen», sagte er, als er endlich aufrecht saß. «Habt Ihr die Nilquellen gefunden?» «Noch nicht, aber ich habe eine äußerst wichtige Entdeckung gemacht ...» Der Araber reichte ihm die Hand und blickte ihn fragend an. «Eigentlich ist es ja lächerlich, daß ich Euch als meinen Freund betrachte», fiel es Livingstone ein, «wo ich doch genau weiß, daß Ihr Menschenjagd betreibt.»

Der Araber lächelte. «Es ist unser Beruf», erklärte er. «Außerdem betreiben wir gar keinen Sklavenhandel. Die Afrikaner verdingen sich als Träger bis Sansibar. Und dann – dann beschließen sie freiwillig zu bleiben.»

Livingstone hatte nicht die Kraft zu widersprechen. Er hatte den Sklavenhandel immer als einen Fluch angesehen, ein dreckiges Geschäft, das zu unterbinden er nicht die Macht hatte. Seit seiner Ankunft in Zentralafrika hatte er in vielen verzweifelten Briefen auf die Misere aufmerksam gemacht. Aber sei es, daß die Briefe ihren Bestimmungsort nie erreicht hatten, sei es, daß die europäischen Großmächte einfach kein Interesse an seinen Meldungen hatten – man überließ ihn wie auch Afrika seinem Geschick.

Susi bahnte sich einen Weg durch die Menge, trat zwischen Moenyegheré und Livingstone, zu dessen Ohr er sich beugte und flüsterte: «Herr», sagte er aufgeregt, «Shereef hat alles verkauft. Tuch, Arznei, Lebensmittel, alles weg!»

Mit seiner letzten Kraft stand Livingstone auf. «Unmöglich!» rief er aus. «Ich habe ihm dreitausend Meter Kattun in Verwahrung gegeben, dreihundert Kilo Glasperlen und alle Arznei, die Kirk uns gesandt hatte.»

«Er behauptet, nichts mehr zu haben. Er habe Euch seit langem für tot gehalten.»

«Oh Gott!» Livingstone sank auf die Bahre zurück. «Wenn das stimmt, dann sind wir völlig auf fremde Hilfe angewiesen.»

Moenyegheré trat hinzu und legte ihm die Hand auf die Schulter. «Euer Diener sagt die Wahrheit, ich selbst wollte es Euch gerade erzählen. Shereef hat eine böse Tat begangen. Wir haben versucht, es zu verhindern, aber unsere Vorhaltungen waren fruchtlos. Er hat alles verkauft, was Ihr ihm anvertraut hattet.»

«Genau wie vor zwei Jahren», murmelte Livingstone entmutigt, «als würde ich vom Unglück verfolgt …»

Der Araber besprach sich unterdessen mit einigen Freunden. «Wir werden für Euch tun, was wir können», wandte er sich an Livingstone. «Heute abend halten wir eine Versammlung ab und werden vorschlagen, Shereef das Elfenbein abzunehmen, das er mit dem Erlös aus Euren Waren eingehandelt hat. Aber leicht wird das nicht … er ist mit den einflußreichsten Händlern der Gegend eng befreundet.»

«Ich muß sofort an Kirk schreiben, nach Sansibar … Ich brauche neue Lebensmittel, vor allem Arznei.»

«Das dauert aber seine Zeit, mindestens drei Monate», unterbrach ihn der Araber. Das stimmte allerdings. Livingstone wischte sich die Stirn. Die Aufregung hatte sein Fieber wieder hochtreiben können.

«Ihr müßt irgendwo unterkommen», drängte der Araber. «Ich gebe Euch eine meiner Hütten. Die ist geräumig genug und vor allem trocken. Ich werde Euch etwas zu essen kommen lassen.»

«Danke», seufzte Livingstone. Susi zog die Decke zurecht. Moenyegheré fühlte seinen Puls. «Bringt ihn in die Hütte am Ende des Wegs. Sie steht leer. Ihr könnt darin bleiben, solange Ihr wollt.»

Susi hieß die Männer aufstehen, und von einer Menge schaulustiger Eingeborener begleitet, setzte sich die Karawane wieder in Bewegung, auf das Dorfzentrum zu. «Platz da, laßt uns durch, zum Teufel mit euch», zürnte Susi. «Elendes Räuberpack!»

Livingstone gebot ihm durch ein Zeichen Schweigen. «Sie haben doch keine Schuld», erklärte er. «Du weißt doch, wer der Räuber ist.»

«Ja, aber die anderen haben ihm die Ware abgekauft, das hätten sie auch sein lassen können», beharrte Susi auf seinem Standpunkt. «Sie wußten schließlich, daß es Euer Eigentum war.»

Livingstone ging darauf nicht mehr ein. Er wollte nur noch eins: schlafen, endlich unter einem Dach und im Trockenen schlafen und sich ausruhen. «Bring mich in die Hütte», murmelte er, «wir reden morgen über all das.»

Die Hütte lag unter einem großen Baum in einer Ecke des Dorfs, neben dem Weg, der zum Wald hinausführte. Da er sie ausgesprochen dreckig fand, mußte Susi sie erst einmal mit Hilfe einiger Träger notdürftig reinigen. Sodann ließ er die Bahre, auf der sein Herr mittlerweile in Schlaf gefallen war, unter die einzige kleine Fensteröffnung in der Wand stellen.

Unter den letzten Vorräten, die sie noch hatten retten können, fand er eine Kerze, die er anzündete und auf einer Kiste befestigte. Das schwache Licht, das die Dunkelheit aus der Hütte ein wenig vertreiben konnte, wirkte wie eine neugeborene Hoffnung.

Da rief jemand nach dem Doktor. Susi lief hinaus und entdeckte in der Dunkelheit einige Meter vor der Hütte eine menschliche Figur im weißen Burnus.

Susi

«Ich bin Mohammed bin Saleh, ein Freund deines Herrn.»

Susi trat näher und musterte die Erscheinung, um den Besucher vielleicht wiederzuerkennen. Tatsächlich, es war der Araber, mit dem sie einige Jahre zuvor Tauschhandel betrieben hatten.

«Wie ich höre, ist der Doktor zurückgekehrt», sagte er zu Susi, und forderte ihn durch Zeichen auf, ihm zu folgen. «Und ich weiß auch, was Shereef ihm angetan hat.»

«Wäre mein Herr nicht so krank, er würde ihm die Hände abhacken lassen.»

Der Araber lächelte. «Dein Herr ist Missionar, ein Gottesmann, er würde nie zulassen, daß Gewalt gebraucht wird. Hier draußen in Ujiji lebt gesetzloses Volk, hier vergessen die Araber sogar den Koran.»

«Aber wir brauchen sofort neue Medikamente und neuen Proviant!» «Natürlich», antwortete der Araber. «Ihr sollt auch gleich bekommen, was ihr benötigt.» Susi folgte ihm, ohne zu begreifen.

«Bevor ihr fortreistet, hat Doktor Livingstone mit mir einen Handel abgeschlossen, aus dem ihm noch einiges Geld zusteht. Er sagte damals, wir würden das nach seiner Rückkehr regeln. Jetzt soll er bekommen, was ich ihm schulde.» Susi fuhr auf. «Was sollen wir mit Geld, das nützt uns nichts. Was wir brauchen, ist Proviant, Medizin, Ausrüstung!»

«Ja sicher, nur die Ruhe», unterbrach ihn der Araber, «genau das will ich euch doch geben. Hundert Meter Kattun, zwei Schachteln Medikamente, Chinin, ein Sack Bohnen, ein Zentner Roggenmehl, zwei Pack Erdnußbutter, drei Kisten voller Konserven ... Ich selber habe das alles erst vor zwei Wochen aus Sansibar bekommen. Wird euch das reichen fürs erste?»

«Oh mein Gott!» Susi konnte sich vor Freude kaum fassen. «Ich weiß nicht, wieviel Ihr meinem Herrn schuldet, aber alles, was ich von Euch bekomme, ist wertvoll, vor allem das Chinin.»

«Tretet ein.» Der Araber öffnete die Tür zu einer Hütte. «Meine Diener werden die Waren zu Doktor Livingstone tragen, mit meinen ergebensten Grüßen.»

Als Susi die Hütte wieder betrat, hatte Livingstone, dessen Fieber wieder hochgeschnellt war, im Schlaf die Decke von sich geworfen. Sein Diener nahm sie vom Boden auf und deckte ihn zu, wonach er ihm mit ein paar Schluck Wasser aus der Feldflasche einige Pastillen Chinin einflößte. Dann schüttelte er die Stoffetzen zurecht, die Livingstone als Kissen dienten, bettete ihn sorgfältig und legte sich im Schein der Kerze, die nach wie vor die Hütte erhellte, neben das Bett seines Herrn.

Gegen Morgen war das Fieber gefallen. Mit dem ersten Licht des neuen Tages spürte Livingstone den unverwechselbaren afrikanischen Duft heraufsteigen; er vernahm das Vogelgezwitscher aus den Zweigen des großen Baumes über der Hütte und aus dem nahen Wald. Stimmen zeigten an, daß auch das Dorf allmählich erwachte. Livingstone hob den Kopf und blickte sich um. Sein Blick fiel auf Susi und einige Träger, die schlafend auf dem lockeren Boden der Hütte lagen. Auf der Kiste neben ihm war die Kerze niedergebrannt. Gott vergönnte ihm also noch einen Tag Leben, vielleicht würde er sogar die Kraft finden, seine Suche nach den Quellen des Nils wieder aufzunehmen ... Das war sein letztes Lebensziel.

Es ging ihm dabei nicht nur um eine faszinierende, geheimnisträchtige geographische Entdeckung, sein Ziel war es vielmehr, damit das Bild von Afrika zu

vervollständigen. Das Wissen von den Nilquellen würde in England Politiker, Reisende und Geschäftsleute dazu bewegen, regelmäßigen Handel mit dem Inneren des Kontinents aufzunehmen, neue Missionsstationen einzurichten und endlich die Sklavenjagd zu bekämpfen. Nein, es war wirklich nicht zuviel verlangt; die Quellen des Nils waren nah, er spürte es genau. «Ich kann heute mit Sicherheit behaupten», so hatte er an Lord Claredon im englischen Außenministerium geschrieben, «daß die Nilquellen zwischen dem 10. und dem 12. Grad südlicher Breite liegen, also beinahe dort, wo Ptolemäus sie vermutet hatte.»

Er mußte diese Quellen unbedingt finden, dies war zu einer Art Glaubenssache geworden, ja zur Besessenheit, zu einer fast mystischen Suche. Die Quellen mußten – wollte man Ptolemäus und Herodot Glauben schenken – an einem Hügel in der Nähe der Mondberge entspringen.

Er stand auf und suchte seine Tagebücher hervor. Von unbändiger Freude erregt, nahm er im Zwielicht des Morgens seine Aufzeichnungen wieder auf. Langsam schrieb er:

«24. Oktober. Shereef hat all meine Güter zu Schleuderpreisen an seine Freunde verkauft. Mir bleibt nur das, was ich vorausschauend Mohammed bin Saleh für den Fall anvertraut habe, daß ich aus Manyuema im Zustand großer Bedürftigkeit zurückkehren sollte ...»

In diesem Augenblick erwachte Susi. «Herr, schaut, wir haben wieder Proviant, Medizin, sogar Chinin!» Neben dem Bett

Arabischer Händler

standen zu seinen Füßen einige Kisten, Säcke und ein paar Ballen Stoff.

«Mohammed bin Saleh?» «Ja, Herr, ein gerechter Mann, obwohl er Mohammedaner ist.»

«Die Gerechten sind alle Kinder des einzigen Gottes», wies ihn Livingstone zurecht. «Schau zu, daß die Männer etwas zu essen bekommen.» «Und Ihr?» «Ich kann warten bis später, sie brauchen es dringender als ich.»

Susi kratzte sich gedankenverloren am Kopf. Sein Herr schien ihm wirklich etwas wunderlich. Dann ging er hinaus und entfachte ein Feuer.

Livingstone ließ sich auf dem Bett nieder und nahm das Tagebuch wieder zur Hand. Er studierte eine Karte, die er vor einem halben Jahr in Nyangwe gezeichnet hatte. Nein, er mußte sie neu zeichnen. Er schüttelte den Kopf: es gab keinen Fluß, der den Albertsee mit dem Tanganyikasee verband, auch mündete der

Lualaba nicht in den Albertsee, sondern beschrieb statt dessen eine weite Kurve nach Westen und stellte den Oberlauf des Kongo dar. Weit nördlich erhob sich das Ruwenzori-Gebirge, er hatte es einmal morgens von weitem sehen können: die Gipfel schienen zwischen Himmel und Erde zu schweben. Sollten sie die Mondberge sein, von denen Ptolemäus berichtet hatte?

Susi betrat mit einer Schale in den Händen die Hütte. «Bitte, Doktor», drang er in Livingstone, «es ist Gemüsebrühe mit ein wenig Weizenbrot. Es wird Euch guttun.»

Livingstone legte das Tagebuch beiseite. Er nahm die Schale zur Hand und begann langsam zu essen. Beinahe hatte er schon vergessen, wie gut eine warme Mahlzeit tun konnte.

«Und die Träger?» erkundigte er sich. «Sie essen auch gerade. Ich habe zehn Meter Kattun für vier Hühner eingetauscht.»

Livingstone lächelte. «Haben sie dich auch betrogen», sagte er, «eigentlich wäre der Stoff sechs Hühner wert gewesen.» Susi nahm den Vorwurf schlecht auf. «Sie sind aber sehr fett», verteidigte er sich. «Die Träger sagen, sie schmecken wunderbar. Alle sind wieder guten Mutes.»

Livingstone reichte ihm die leere Schale und legte sich ins Bett zurück. Jetzt, da er das Problem gelöst hatte, wie er seine eingeborenen Träger ernähren sollte, war ihm schon viel leichter ums Herz. Noch war er recht schwach, das spürte er, aber er hoffte, in einigen Tagen wieder auf den Beinen zu sein.

Er war jetzt 58 Jahre alt; die vielen Entbehrungen, die er auf seinen Reisen hatte auf sich nehmen müssen, und das häufige Fieber hatten seine Gesundheit stark angegriffen. Seine Füße waren wund, und der tropische Durchfall hatte ihn so ausgezehrt, daß nur noch Haut und Knochen übrig waren. Aber trotzdem, er durfte nicht aufgeben, die Arznei würde ihm helfen, wieder zu Kräften zu kommen und eine neue Expedition vorzubereiten. Und diesmal, spürte er, würde er die Quellen am richtigen Ort suchen. Er konnte sich keinen Irrtum mehr leisten; ängstlich wurde ihm bewußt, daß ihm nicht mehr viel Lebenszeit übrig blieb.

«Mein Gott», betete er, indem er sich das Gesicht mit einem Deckenzipfel bedeckte, «gib mir noch die Zeit, meine Mission zu Ende zu führen!»

Statue, Bateke Stamm, Zaire

Das von Livingstone bereiste Gebiet: Der Kongo

Der Teil Afrikas, den Livingstone auf seiner bisher längsten Reise (fünf Jahre und sieben Monate) auf der Suche nach den Quellen des Nils bereist hatte, gehört heute zur Republik Zaire (vormals Kongo), einer ehemaligen belgischen Kolonie in Zentralafrika. In diesem Land liegt der längste Teil des Flußlaufes, nach dem der Staat früher benannt war. Der Kongo ist 4.377 km lang. Während im Süden des Landes (Katanga, heute Shaba) gemäßigtes Klima herrscht, sind der Norden und das Zentrum wegen der enormen Feuchtigkeit, die dort das ganze Jahr über herrscht, für Weiße so gut wie unbewohnbar. Die Fauna besteht aus einer Vielzahl von Arten, vom Gorilla bis zum Schimpansen, vom Elefanten bis zur Giraffe, vom Nilpferd bis zum Büffel; es gibt auch Antilopen und unzählige Vogel- und Reptilienarten. Zahlreich sind auch die parasitären Insekten, die häufig Krankheiten übertragen.

Die eingeborene Bevölkerung, die im wesentlichen von Ackerbau und Handwerk lebt, ist nach Rasse, Sprache und Gebräuchen verschieden und setzt sich vornehmlich aus den Völkern der Pygmäen, Bantu und Sudanesern zusammen. Die Bantu-Stämme, die Livingstone auf seiner Reise durch den Südosten des Kongo traf, waren vor allem die Kuba, Lunda und Luba, die zu jener Zeit an den Ufern des Tanganyikasees, des Mweru- und des Kiwusees lebten.

Der Staat ist fast zur Hälfte seiner Gesamtfläche von tropischem Regenwald bedeckt.

Der tropische Regenwald

Der Äquator verläuft quer durch Zaire. Das bedingt, daß auf einem Großteil des Staatsgebiets äquatoriales Klima mit häufigen Regenfällen und hohen Temperaturen herrscht. In diesem Klima entwickelt sich eine Waldform, die als tropischer Regenwald bezeichnet wird.

Dieser Wald ist dermaßen dicht und bedeckt ein so großes Gebiet, daß bis heute Teile von ihm unerforscht geblieben sind.
Über das undurchdringliche Dickicht aus Büschen und Lianen erheben sich in diesem Urwald majestätische Baumriesen, die zum Teil bis zu siebzig Meter hoch werden. Das Unterholz, wohin das Sonnenlicht so gut wie nie vordringt, ist von einer dichten Moosschicht bedeckt, auf der eine Vielzahl von Flechten- und Farnsorten gedeiht. Der äquatoriale Regenwald ist das Reich der Gorillas und Schimpansen. Wo er weniger dicht und undurchdringlich ist, wird der Wald vom Menschen gerodet, um Kaffee- und Tabakplantagen zu schaffen.

Der Welt reichste Vorkommen an Bodenschätzen

Zaire ist für seine unermeßlichen Bodenschätze bekannt. In seinem Boden verbergen sich große Lager von Kupfer, Kobalt, Zinn, Kohlen, Mangan, Eisenerz, Zink und Uran. Die an Bodenschätzen reichste Gegend ist Shaba (früher Katanga), wo eines der heute weltgrößten Abbaugebiete entsteht.

In der Kupferproduktion (240.000 Tonnen pro Jahr) steht Zaire heute international an vierter Stelle (nach den USA, Chile und

Rhodesien). Nachdem das Kupfererz in den Hütten von Lubumbashi (früher Elizabethville), dem Hauptort von Shaba, ein erstes Mal bearbeitet worden ist, wird es zur weiteren Raffinierung nach Europa exportiert. In den Hütten von Likasi (früher Jadotville) wird auch das im Kupfererz enthaltene Kobalt gewonnen.

Auch in der Uranproduktion nimmt Zaire heute weltweit eine wichtige Stellung ein. Das Erz, das nach der Entdeckung der Atomkernspaltung in den letzten Jahrzehnten immer kostbarer geworden ist, wird in den Minen von Shinkilobwe, 25 Kilometer von Likasi entfernt, gewonnen.

Auch werden in Zaire die meisten Diamanten gefunden, und zwar in der Gegend des Flusses Kasai (an der Grenze zu Angola westlich von Lubumbashi).

Gletscher am Äquator

Ist von äquatorialem Klima die Rede, so stellen wir uns ganz automatisch vor allem ungeheure, im Sommer kaum erträgliche Hitze vor. Und dennoch gibt es in Zaire, mitten im Äquatorialgebiet, Gegenden, in denen Temperaturen unter Null herrschen: im Ruwenzori-Gebirge nämlich, dessen Gipfel eine Höhe von über 5.000 Metern erreichen und von ewigem Schnee und ganzen Gletschern bedeckt werden.

Orkane am Äquator

Die äquatorialen Orkane sind für ihre unerhörte Gewalt bekannt und aus dem Grunde besonders gefürchtet, daß sie fast ohne jedes Vorzeichen ausbrechen. Plötzlich bedeckt eine riesige schwarze Wolke den Himmel, erhebt sich ein rasender Sturm, der hundertjährige Baumriesen wie Reisig knickt. Dazu kommt der von Blitzen und ohrenbetäubendem Donner begleitete Regen. Das ganze Inferno dauert nicht länger als ein, zwei Stunden. Ebenso schnell, wie es verschwand, kehrt das gute Wetter wieder zurück.

Der afrikanische Tierreichtum

Zaire ist eine der Gegenden auf unserem Planeten, wo am meisten verschiedene Tierarten miteinander leben. Man stelle sich vor, daß es hier über zweitausend Schlangenarten gibt, Tausende verschiedener Vögel und eine unüberschaubare Vielfalt an Insektensorten. Zu den letzteren gehört die gefürchtete Tsetsefliege, von der die tödliche Schlafkrankheit auf Mensch und Tier übertragen wird. Die typischsten Tiere sind: das weiße Rhinozeros, Schwarzbüffel, Waldbüffel, Riesenelch (eine Antilopenart), Zwergelefant und das Okapi (halb Giraffe und halb Hirsch). Um die Arten vor der Ausrottung zu bewahren, mußten große Nationalparks angelegt werden, in denen die Jagd untersagt oder stark eingeschränkt ist. Trotzdem sind schon viele Arten verschwunden und eine große Zahl ist äußerst bedroht.

Für die Großwildjagd ist Zaire eines der wichtigsten Länder: die begehrten Trophäen stammen vor allem von Löwen, Leoparden, Hyänen, Flußpferden, Elefanten, Gorillas,

Schakalen, Giraffen und Krokodilen. Bei der Jagd auf selten gewordene Arten, so zum Beispiel auf Zwergelefanten oder Nashörner, werden hohe Abschußgebühren erhoben. Die Zahl der seltenen Arten steigt schnell und ständig.

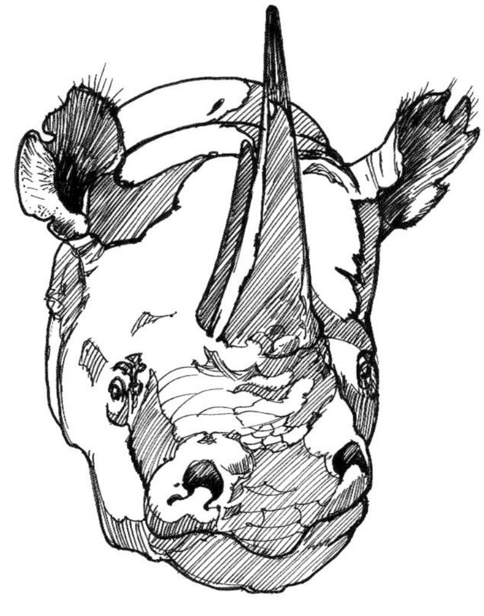

Zaire

Bis zur Mitte des vorigen Jahrhunderts war das Gebiet des heutigen Zaire größtenteils unbekannt. Nach der Entdeckung der Kongomündung – die Eingeborenen nannten den Strom den «großen Strom» – waren sämtliche europäische Forscher lediglich bis zu den ungeheuren Kongo-Fällen vorgedrungen. Der Ruhm, diese natürliche Grenze überwunden zu haben, gebührt dem Engländer John Rowlands, bekannter unter dem Namen Stanley. Der entscheidende Schritt gelang im Jahre 1879. Von nun an stand der Weg in das Land dahinter, in das geheimnisvolle Zentralafrika, offen.

Zaire in Zahlen
Oberfläche: 2.345.000 km²
Längster Fluß: Kongo 4.377 km
Die größten Seen:
Tanganyikasee: 32.880 km²
Albertsee: 5.300 km²
(heute Mobuto-Sese-Seko-See)
Kivusee: 2.650 km²
Leopoldsee: 2.325 km²
(heute Mai-Ndombe-See)
Edwardsee: 2.250 km²

Einer der längsten Flüsse der Erde

Eines der Wunder Zentralafrikas ist der Kongo. An Breite wird er weltweit nur noch vom Amazonas übertroffen, und wegen seiner Länge gehört er zu den mächtigsten Strömen der Erde. Mit seinen zahlreichen Nebenflüssen bildet der Kongo ein Flußnetz mit einer Gesamtlänge von 11.600 km, ungefähr 10 mal so lang wie die Bundesrepublik Deutschland von Süden nach Norden.

Nicht zuletzt ist der Kongo für seine beeindruckenden Fälle bekannt: südlich von Kisangani (früher Stanleyville) befinden sich die sieben großen Boyoma-(Stanley-)Fälle; von der Hauptstadt Kinshasa (früher Leopoldville) bis zur Mündung kann man über dreißig Fälle zählen.

Am Ufer des Kongos ist ein seltenes Schauspiel zu beobachten: Tausende kleiner Fische springen aus dem Wasser, um die Insekten zu fangen, welche an den Luftwurzeln einiger Pflanzenarten leben, die diese über das Wasser und bis in das Wasser hinein wachsen lassen.

Livingstones Karte von den «Vier Quellen»

Bei seiner zweiten Rückkehr nach Ujiji machte Livingstone einige irrtümliche Annahmen:

So gibt es zum Beispiel keinen Fluß, der den Tanganyikasee mit dem Mobuto-Sese-Seko-See (dem Albertsee) verbindet. Auch gibt es weder einen Fluß vom Lualaba zum Tanganyikasee noch umgekehrt. Außerdem mündet der Lualaba nicht nördlich des Albertsees in den Nil, wie Livingstone annahm, sondern biegt nach Westen ab und bildet den Oberlauf des Kongo.

In seinem Entwurf des Flußnetzes stellte der Forscher jedoch die Lage der Quellen von Lomani, Lualaba, Sambesi und Kafue fast genau dar. Alle vier liegen recht nahe beieinander, zwei fließen nach Süden (Sambesi und Kasue), zwei nach Norden (Lomani und Lualaba).

Diese sogenannten «Vier Quellen», die zum ersten Mal in den Geschichten des Herodot beschrieben worden sind (im fünften Jahrhundert vor Christus), faszinierten Livingstone dermaßen, daß er glaubte, in ihnen die sagenhaften Quellen des Nils entdecken zu können, die er so beharrlich südlich des Tanganyika- und des Bangweulusees suchte.

Als Grundlage für seine Vorstellung vom zentralafrikanischen Flußnetz dienten ihm Erkenntnisse, zu denen er vom Mai 1869 bis April 1871 gelangt war. Der Umstand, im Dezember 1872 feststellen zu müssen, daß entgegen seinen Annahmen der Tanganyikasee nicht mit dem Albertsee verbunden ist (dem heutigen Mobuto-Sese-Seko-See), konnte seine Vorstellung vom Lauf des Kongo nicht beeinflussen.

Livingstones letzte Reise

Als Livingstone am 23. Oktober 1871 entkräftet in Ujiji anlangte, war dies der Abschluß einer langen Reise auf der Suche nach den Quellen des Nils.

Am 13. August 1865 war er in England aufgebrochen, als Konsul und mit dem formellen Auftrag der Königlich Geographischen Gesellschaft, nach Afrika zu reisen, um das Geheimnis der Nilquellen zu lüften. Er sollte seine Heimat nie wiedersehen.

Am 19. März 1866 brach er von Sansibar ins Innere des Kontinents auf, das bis dahin so gut wie unerforscht war. Seine Begleitung bestand lediglich aus 35 Trägern, drei Ochsen, sechs Kamelen, vier Eseln und zwei Maultieren.

Am 23. August erreichte er den Njassasee (heute auch Malawisee), Mitte September den Fluß Shire im Süden dieses Sees.

Am 14. Juli traf er, ungefähr 180 km vom Njassasee entfernt, auf die erste Sklavenkarawane und teilte dies dem englischen Außenministerium in zwei Depeschen mit.

Am 6. Dezember überquerte der schon geschwächte und kranke Forscher auf halbem Wege zwischen dem Njassasee und dem Bangweulusee den Fluß Luangwa.

Ende Januar 1867 wandte er sich nach Norden und überquerte den Chambesi. Am 1. April erreichte er den Tanganyikasee. Nach einem Jahr und 11 Monaten Reise gelangte er zum Mwerusee.

Am 13. begab er sich Richtung Süden auf die Suche nach der Quelle des Lualaba.

Am 10. Mai war er in Kasembe, am 18. Juli am Bangweulusee, wo er die Nilquellen erreicht zu haben glaubte. «Sie befinden sich», schrieb er an Lord Claredon im englischen Außenministerium, «circa 640 Kilometer südlich des Victoriasees und liegen tatsächlich weiter im Süden als alle Seen, ausgenommen der Bangweulusee.» Wir wissen heute, daß Livingstone hier irrte. Erneut erreichte er das Ufer des Mwerusees am 22. Oktober und begab sich am 1. Januar 1869 krank und fiebernd auf die Reise nach Ujiji. Er schrieb in sein Tagebuch: «Ich kann mich nicht auf den Füßen halten; Lungenentzündung rechts, huste Tag und Nacht, der Schleim, den ich abhuste, ist von Blut rostrot gefärbt; peinigende Schwäche ...»

Mitte März erreichte er, auf einer Krankenbahre getragen, Ujiji, wo er nur noch wenig Vorräte und keinen Brief aus der Heimat vorfand.

Ende Juli überquerte er gemeinsam mit dem arabischen Händler Bogharib den Tanganyikasee und erreichte die Manyuema-Gegend.

Auf halbem Wege zwischen dem Tanganyikasee und dem Lualaba, in Bombarre, zwangen ihn schmerzhafte Geschwüre an den Füßen, seine Reise für mehrere Monate zu unterbrechen. Er blieb dort bis zum 16. Februar 1871 und brach dann nordwärts nach Nyangwe auf.

Nachdem er dort lange vergeblich darauf gewartet hatte, den Lualaba überqueren zu können, beschloß er im Juli entmutigt, nach Ujiji zurückzukehren, um dort neuen Proviant zu fassen und eine weitere Expedition vorzubereiten.

Er erreichte das Dorf am Spätnachmittag des 23. Oktober 1871, nach einer Reise von fünf Jahren und sieben Monaten.

Zum ersten Mal in seinem Leben erblickte Livingstone den afrikanischen Kontinent am Morgen des 15. März 1841, vier Tage vor seinem 28. Geburtstag, nach einer dreimonatigen Reise an Bord des englischen Seglers «George».

Die afrikanische Küste war an jenem Morgen von einem bläulichen Nebel verschleiert, der über der Simons-Bay nahe Kapstadt lag. Für Livingstone war dies der erste Blick in eine große, unerforschte Welt.

Zu jener Zeit waren Zentral- und Südafrika so gut wie unberührt. Die Weißen, die sich erst wenige Jahre zuvor in Südafrika niedergelassen hatten, hatten von dem Kontinent nicht mehr als die bescheidene Kenntnis, die schon zu den Zeiten der antiken Griechen und Römer verbreitet war. Niemand vermutete im Inneren des Kontinents riesige Seen oder gar die Gipfel des Kilimandscharo oder des Ruwenzori, keiner konnte Genaues über Verlauf und Quellen der Ströme Kongo und Nil aussagen.

Da lag also das Geheimnis vor seinen Augen, ein schmaler Streifen Land, der gerade erst mit seinen Hügeln aus dem Meer aufgetaucht zu sein schien.

Welche Gefühle mögen ihn damals bewegt haben? Mag sein, daß der Anblick des riesigen Kontinents ihn zunächst entmutigte. Aber während das Schiff in die Bucht einlief und sich langsam dem Land näherte, wird ihn wohl seine Menschenliebe, die ihn ja zu dieser Reise bewogen hatte, daran erinnert haben, daß er ein Gottesmann war, ein Missionar, der das

Evangelium zu bislang unbekannten, rätselhaften und vermutlich sehr ursprünglichen Menschen trug, die doch Geschöpfe desselben Schöpfers waren. Es konnte ein großes Glück bedeuten, zusammen mit dem Wort Gottes viel Gutes, Hilfreiches zu jenen in der Weite Afrikas verlorenen Dörfer zu bringen.

Während das Schiff in den Hafen einlief, kamen ihm mehr und mehr die Grundkräfte zu Bewußtsein, die seinem Leben die Richtung gaben: Gewissenhaftigkeit und Entschiedenheit. Er mußte sich selbst belächeln und schämte sich ein wenig seiner Entmutigung angesichts der riesigen Aufgabe, die ihn erwartete. Eigentlich sah es ihm doch gar nicht ähnlich, sich dermaßen beeinflussen zu lassen.

Das Schiff stieß drei langgezogene Signaltöne aus, und die Passagiere machten sich bereit, an Land zu gehen.

Livingstone lehnte sich an die Reling und beobachtete, wie die Küste «seines» Afrikas immer größer wurde, je näher er kam. Hie und da konnte er einige wie zufällig zu Dörfern zusammengewürfelte Hütten erkennen, die sich an die Berghänge klammerten oder halb verdeckt im Wald lagen. Von den Dächern erhoben sich die dünnen Rauchfäden der Herdfeuer.

Während er seinen Blick langsam wieder nach unten auf das Blau des Meeres richtete, wanderten seine Gedanken unwillkürlich in seine Kindheit zurück.

Er wurde als zweites von fünf Kindern am 19. März 1813 im schottischen Blantyre geboren. Die Familie lebte, kochte, aß und schlief in einem einzigen großen Raum eines Hauses, das der Gesellschaft gehörte, in deren Besitz sich die Baumwollspinnerei «Mills» befand.

Aus jener traurigen Zeit konnte er sich an wenig mehr erinnern als an die bleierne Müdigkeit, die ihn jeden Abend nach der Arbeit überfiel, und gegen die er sich wehrte, indem er Schreiben und Lesen lernte. Schon im Alter von zehn Jahren hatte er mit zwei seiner Brüder begonnen, in der Spinnerei zu arbeiten. Sie schufteten an sechs Tagen in der Woche zwölfeinhalb Stunden, von morgens um sechs bis abends um acht Uhr, mit einmal einer und einmal einer halben Stunde Pause. Ein Butterbrot war sein einziges Essen, welches er sich nach der Arbeit auf dem Weg zur Abendschule, wo er Latein lernte, zu sich nahm. Von dort zurückgekehrt, las er immer noch eine Zeitlang im Bett, bevor er einschlief. Oft mußte seine Mutter dem schlafenden Sohn die Kerze löschen. Morgens um fünf hieß es wieder aufstehen.

Das Schiff war nun fast am Kai angelangt. Aus den Stranddörfern kamen zur Begrüßung Kinder herbeigelaufen, die mit übermütigen Purzelbäumen die Aufmerksamkeit der Reisenden erregen wollten. Livingstone konnte sich nicht daran erinnern, in seiner Kindheit selber jemals so ausgelassen gewesen zu sein. Gespielt hatte er nie. Nein, eine richtige Kindheit hatte er eigentlich gar nicht gehabt.

Um sich abzulenken und diese Erinnerungen zu vertreiben, spazierte er ein wenig über Deck und beobachtete die vielen Schiffe und Segler, die im Hafen vor Anker lagen. Die Passagiere auf

Deck winkten munter mit ihren Taschentüchern. Er hatte niemanden, der ihn erwartete.

Wieder lehnte er sich an die Reling und blickte ins Wasser. Jetzt war es dunkel, fast schwarz, und ihm schien, als spiegelten sich in der glatten Oberfläche Bilder aus seinen ruhelosen Gedanken.

Er war 23 Jahre alt, in jenem Winter 1836, als er und sein Vater zu Fuß nach Glasgow wanderten, um ihm ein Zimmer zu suchen.

Wortlos, in einen schwarzen Wollmantel gehüllt, ging sein Vater voraus. Schritt für Schritt versanken seine Schuhe in regelmäßigen Abständen im tiefen Schnee. Er selbst mühte sich ab, in der vom Vater gebahnten Spur zu bleiben. Kalt war es in der wolkenlosen Nacht. Plötzlich bemerkte er, daß sein Vater die steile Straße kaum mehr hinaufkam. Er nahm seine Kräfte zusammen und überholte ihn.

«Laßt mich jetzt vorangehen», sagte er. «Ihr seid zu müde, wir sind schon seit drei Stunden unterwegs.» «Aber wir sind doch fast da», protestierte der Vater. «Nur noch knapp eineinhalb Meilen.»

«Das zählt nicht, Ihr seid erschöpft.» Eine Weile lang sagte der Vater nichts und ging hinter seinem Sohn her. Dann, als es etwas bergab ging und der Schnee weniger hoch lag, holte er auf und marschierte an seiner Seite.

«Ich bin stolz auf dich, David», sagte er. «In unserer Gegend gibt es wenig junge Leute, die im College von Glasgow zugelassen werden.» «Ohne Eure Hilfe hätte ich das nie erreicht», gab David zur Antwort und nahm ihn zärtlich beim Arm. «Allein hätte ich das nie geschafft.»

Schweigend setzten sie ihren Weg fort. «Du hast dir schon zuviel abverlangt, mein Sohn», sagte der Vater auf einmal. «All die Jahre in der Baumwollspinnerei, und dazu noch lernen und studieren ... Es tut mir leid, daß ich nicht mehr zu deiner Unterstützung tun konnte.»

Erneut griff ihm David unter den Arm. «Du und mein Bruder John, ihr habt alles getan, was in eurer Macht stand. Ich war es vielmehr, der nicht hat helfen können, wie ich gewollt hätte, der Mutter, den Geschwistern. Von nun an kann ich euch keinen Penny mehr geben. 12 Pfund Sterling Studiengebühr, das ist eine Menge Geld.»

«Du schuldest uns nichts. Denke nur immer fest daran, ein guter Arzt zu werden.» David blieb stehen, um ein wenig Atem zu schöpfen. Schon waren die ersten Häuser von Glasgow in Sicht.

«Später», unterbrach der Vater plötzlich die Stille, «ich meine, wenn du Arzt bist, dann kannst du nach Blantyre zurückkommen. Einen guten Arzt könnten wir dort dringend gebrauchen.»

David antwortete nicht. Den Blick auf die ersten Lichter der Stadt gerichtet, nahm er den Weg wieder auf. «Ich komme nie wieder», seufzte er, als schöbe er eine große Last von sich.

Sein Vater blickte ihn bestürzt an, wagte aber nichts zu fragen. «In welcher Straße liegt diese Wohnung?» fragte David endlich. «In der Rotten Row.» «Habt Ihr schon die Miete ausgehandelt?» «Zwei Schilling pro Woche.» «Das ist nicht teuer. Hoffen wir, daß das kein finsteres Loch ist», lachte David.

Der Vater sagte nichts, während sie sich Glasgow näherten. Schweigend gingen sie durch die von spärlichen Petroleumlampen schwach erleuchteten Straßen. Der Schnee war beiseite gefegt, auch auf den Bürgersteigen. Dann und wann hörte man in der Ferne das Geräusch einer rollenden Kutsche. Zu dieser nächtlichen Stunde war außer ihnen keine lebende Seele auf der Straße zu sehen.

«Hier ist die Rotten Row.» Der Vater blieb stehen. «Nun ja, eine schöne Straße.» David betrachtete sie gründlich. Die breite, gut gehaltene Straße mit langen Reihen zweistöckiger Häuser lag still vor seinen Augen. «Wenigstens keine Gasthäuser, in denen ständig gelärmt wird.» «Der ideale Ort zum Lernen», sagte sein Vater und begann, die Häuser nach den Nummern abzusuchen. «Die Pension ist in der Nummer 147 oder 149.»

David folgte ihm. Im Licht der Laternen schien der Vater plötzlich um Jahre gealtert. Vielleicht lag das an seiner Müdigkeit, schließlich hatten sie vier Stunden Fußmarsch hinter sich. Nie zuvor hatte er seinem Sohn so leidgetan.

«Ich hoffe, Ihr bleibt noch, um Euch etwas auszuruhen», sagte er. «Es wird sich sicher noch ein Bett finden.»

Der Vater spähte immer noch nach den Hausnummern. «Ein Bett schon», lachte er, «nur am Geld fehlt's.» «Dann schlafen wir eben zu zweit in einem Bett. Ich erlaube nicht, daß Ihr noch heute nacht den Rückweg antretet, das wäre unmenschlich.»

Der Vater blieb nicht stehen. «Ach,» sagte er, «und ist es menschlich, einen Sohn für immer fortgehen sehen zu müssen?»

David begriff und bereute, daß er ihm seine Entscheidung so unvorbereitet mitgeteilt hatte. «Verzeiht mir», sagte er. «Ich habe mich unglücklich ausgedrückt vorhin. Ich wollte sagen, daß meine Pläne jetzt feststehen. Ich habe vor, als Missionsarzt nach China oder Afrika zu gehen.»

Der Vater schaute ihn erleichtert an. «Du bist frei, über deine Zukunft selber zu entscheiden, mein Sohn.» «Bis ich das Studium beendet habe, komme ich jedes Wochenende heim, und in den Ferien werde ich in der Spinnerei arbeiten, das Geld werde ich gut brauchen können.»

Der Vater lächelte und legte ihm einen Arm um die Schultern. «Gut, daß du das sagst», meinte er. «Ich hatte schon gefürchtet, dich so plötzlich für immer zu verlieren.» David faßte ihn unter und suchte mit ihm gemeinsam das richtige Haus. Vor der Nummer 149 blieben sie stehen. Hier sollte er von nun an leben.

Als die «George» am Kai festmachte, riß sich Livingstone aus seinen Gedanken los und erinnerte sich plötzlich an seinen Koffer, der noch in der Kabine war.

Er ging als letzter von Bord. Die Menge der Passagiere und ihre Freunde und Verwandten, die sie erwartet hatten, hatte sich schon zerstreut. Unschlüssig, wohin er sich wenden sollte, blieb er einen Moment am Kai stehen. Es schien ihm noch immer völlig unwahrscheinlich, daß er auf einmal in Afrika sein sollte. Ein Hafenarbeiter sagte ihm, wo er eine Kutsche finden konnte.

In der Tasche hatte er die Adresse von Doktor John Philip, einem Mitglied der Londoner Missionsgesellschaft, der für die Missionsstationen nördlich des Oranjeflusses verantwortlich war. Er war stolz darauf, mit einem Mann Bekanntschaft zu schließen, dem der Ruf anhing, ein streitbarer Verteidiger der Eingeborenen und Gegner der Sklaverei zu sein. Sein Weg lag nunmehr fest: dieser Glaubensmann sollte ihm die Tür zu Afrika und seinen Geheimnissen öffnen.

Als er von der Fahrt durchgerüttelt und zerschlagen in einem schlammigen Hof von der Kutsche abgesetzt wurde, verspürte er den ersten Anflug von Enttäuschung. Er hatte sich diese Stadt als das Tor zu Afrika mit seiner faszinierenden Folklore vorgestellt. Statt dessen war er in einer Stadt gelandet, die fünfzig Jahre zuvor hastig zusammengezimmert worden und nun kaum mehr war als ein Stützpunkt für die Schiffe, die sich auf dem Weg zu den großen Märkten in Asien befanden. Die meisten der wenigen Europäer, die hier lebten, waren holländische Bauern und ihre Familien, von der Ostindiengesellschaft beauftragt, Fleisch und Korn zu produzieren, das sie dann an die Garnison verkauften, welche die junge Kolonie verwaltete.

Die Straßen waren ungepflastert, die wenigen Steinhäuser weiß oder grün gestrichen und unter ihren Schrägdächern entsetzlich verkommen. Der Straßenverkehr bestand fast ausschließlich aus großen, rumpelnden Ochsenkarren. Insgesamt glich die Stadt eher einem häßlichen holländischen Dorf als einer afrikanischen Stadt, jedenfalls einer, wie sie in Livingstones Vorstellung auszusehen gehabt hätte.

Nach dem Haus von Doktor Philip brauchte er nicht lange zu suchen, denn jeder kannte ihn, den Gründer des Missionsdorfes Kuruman im Bechuanaland.

Der alte, jetzt im Ruhestand lebende Missionar, der sich aber nach wie vor eines unverändert guten Ansehens sowohl in Afrika wie auch in London erfreuen konnte, öffnete ihm persönlich die Tür. Ergriffen setzte Livingstone den Koffer ab und zog den Hut.

«Tretet ein, Doktor Livingstone», begrüßte ihn der Missionar. «Ich erwarte Euch schon seit einer Woche. Ihr seid mir aus London schriftlich angekündigt worden.»

«Es war eine Reise mit Hindernissen», erklärte Livingstone die Verspätung. «Wir sind in einen Sturm geraten und fast gekentert, der Hauptmast war gebrochen, und um ihn zu reparieren, mußten wir einen Aufenhalt in Kauf nehmen.»

Philip setzte sich und wies ihm einen Sessel gegenüber zu. «Nun», sagte er freundlich, «ich habe Instruktionen für Euch.» Livingstone schaute ihn verständnislos an. «Zunächst einmal sollt ihr Euch in meinem bescheidenen Haus einrichten.»

«Warum das denn? Ich dachte eigentlich, sofort zu einer Missionsstation abzureisen.»

Der Reverend lächelte: «Später, später...» «Wann?» «Wenn Ihr Euch einige Tage hier ausgeruht habt, sagen wir mal, frühestens in einer Woche. Ihr habt eine dreimonatige Reise hinter Euch. Wir können es auf keinen Fall riskieren, Euch gleich wieder den Anstrengungen einer Reise ins Bechuanaland auszusetzen.»

Livingstone ließ den Kopf hängen. Doktor Philip hatte recht, er war todmüde. Er konnte sich überhaupt nicht mehr vorstellen, wie es war, in einem Bett zu schlafen, das sich nicht ständig bewegte. «Einverstanden», sagte er, «ich stehe Euch voll zur Verfügung.»

Der Reverend nickte zufrieden. «Wißt Ihr», fügte er hinzu, «als ich nach Afrika kam, übrigens ungefähr in Eurem Alter, da konnte auch ich es kaum erwarten, meine erste Mission einzurichten. Aber wir müssen Vorsicht und Geduld walten lassen, schließlich haben wir es mit einem fast unbekannten Kontinent zu tun, dem wir immer auf der Höhe unserer Kräfte begegnen sollten. Kuruman ist die einsamste Mission von ganz Südafrika. Die Reise wird lange dauern und äußerst beschwerlich sein. Stellt Euch vor, mehr als sechshundert Meilen im Ochsenkarren.»

«Wie weit kommt man an einem Tag?» erkundigte sich Livingstone, der aufmerksam zugehört hatte. «Man schafft selten mehr als 10 Meilen, und wenn Ihr auf sandiges oder sonstwie unwegsames Gelände trefft, entsprechend weniger. Zwei Monate müßt Ihr mindestens rechnen, bis Ihr dort seid.»

Livingstone verzog keine Miene. «Nun ja», erzählte Philip, «manchmal, wenn man das Glück hat, Quellen als Ochsentränke oder festgetretene Pfade zu finden, dann kann eine Reise im Ochsenkarren schon ein Vergnügen sein. Die Karren sind wie regelrechte kleine Häuser ausgerüstet, mit Proviantkisten auf beiden Seiten von vorn bis hinten und in der Mitte ein Feldbett... Ich kann mich an eine Reise erinnern, auf der ich eine ganze Woche lang nicht einmal vom Karren gestiegen bin. Es ging damals durch Sümpfe. Die Eingeborenen hatten alle Hände voll damit zu tun, die Tsetsefliegen von den Rindern fernzuhalten. Ihr wißt, daß die Fliegen für Tiere verhängnisvoll sein können.»

«Ja sicher, und für Menschen ebenso. Die Krankheit, die sie übertragen, kann durchaus tödlich sein.» Sie machten eine lange Pause, in der jeder seinen Gedanken nachhing.

Plötzlich stand Livingstone, dem das Schweigen zu lange dauern wollte, von seinem Sessel auf. «Wieviel Eingeborene habt Ihr bislang bekehrt?» erkundigte er sich.

Enttäuscht zuckte der Missionar mit den Schultern. «Wenige, mein Sohn, wenige. Unsere Arbeit ist hart und umständlich. Zwar sind uns alle Menschen hier herzlich zugeneigt, ja lieben uns und sind gern bereit, sich uns zu Gefallen taufen zu lassen. Aber das Evangelium begreifen sie noch lange nicht, dafür wird es viel, viel Zeit und noch mehr Geduld brauchen.»

«Und Glaubensstärke», fügte Livingstone hinzu und griff nach dem Koffer, da er sich zurückziehen wollte.

«Ja, sehr, sehr viel Stärke im Glauben», bestätigte der Reverend, während er ihn in den langen Korridor begleitete. «Hier ist Euer Zimmer.» Er blieb vor einer Tür stehen. «Schlaft gut, erholt Euch. Morgen gibt es viel zu bereden. Ich soll Euch auf die Gründung einer neuen Missionsstation vorbereiten.»

Livingstone öffnete die Tür und setzte den Koffer ab. «Ich eine Mission?» fragte er. «Wo?» «Nördlich von Kuruman, in einer sehr volkreichen Gegend.»

Livingstone fühlte sein Herz aufgeregt schlagen. Er griff nach der Hand des Reverends und drückte sie.

Afrika in der Zeit vor Livingstone

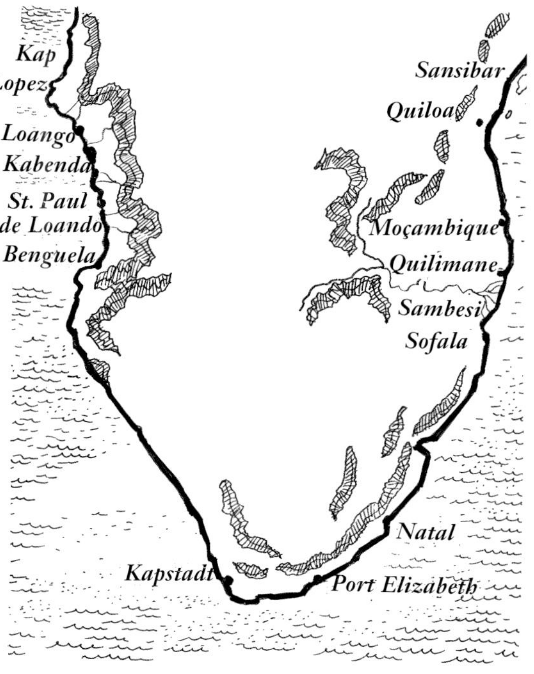

Als Livingstone 1841 das erste Mal nach Afrika kam, war der Kontinent noch so gut wie unerforscht. Die eigentliche Erschließung des «Schwarzen Kontinents» begann erst in der zweiten Hälfte des neunzehnten Jahrhunderts.

Neben Livingstone sei noch an einige andere furchtlose Forscher und Entdecker erinnert:

Der Schotte Mungo Park unternahm zwischen 1795 und 1805 zwei große Expeditionen den Nil entlang.

Hog Clapperton, ebenfalls Schotte, entdeckte im Jahr 1823 den Tschadsee und die Sümpfe des Chari, einer jener großen Flüsse, die das Meer nicht erreichen, sondern in den Tschadsee münden und deren Wasser dort verdunstet.

Der Franzose René Caille durchquerte 1827 die Sahara und gelangte bis nach Timbuktu.

Auf seinen Reisen zwischen 1849 und 1855 betrat der Deutsche Heinrich Barth als erster Europäer die beiden Wüstenstädte Agades und Kano.

Der Tanganyikasee wurde 1858 vom Engländer Richard Burton entdeckt.

John Speke, ebenfalls aus England, entdeckte den Viktoriasee und die Stromschnellen des Nils im Jahre 1862.

Der amerikanische Forscher und Journalist Henry Stanley entdeckte nicht nur den schon verschollen geglaubten Livingstone in der Nähe des Tanganyikasees, sondern durchquerte auf seiner Reise von 1874 bis 1877 den gesamten Kontinent von Ost nach West und zurück, indem er dem Lauf des Kongo folgte. 1887/88 entdeckte er den Ruwenzori und den Edwardsee.

Pietro Savorgnan di Brazza aus Italien erforschte den Kongo von 1875 bis 1898.

Vittorio Bottego, auch er Italiener, entdeckte die Flüsse Juba und Omo und erfoschte sie von 1892 bis 1897.

Der Umstand, daß bis zur Mitte des vorigen Jahrhunderts so wenig über Afrika bekannt war, ist vor allem auf eine Reihe von Hindernissen und Schwierigkeiten bei der Erforschung des Kontinents zurückzuführen. Seine geographische Gestalt (eine riesige, von langen Gebirgsketten umschlossene Hochebene im Zentrum) stellte lange ein geradezu unüberwindliches natürliches Hindernis dar. Zwar könnte man meinen, die Flüsse seien gerade wegen ihrer Breite eine gute Zugangsmöglichkeit. Wegen der bedeutenden Stromschnellen und der häufigen Fälle sind sie aber so gut wie unbefahrbar. Andere Hindernisse bestanden in dem undurchdringlichen zentralafrikanischen Dschungel, in Wüsten ungeahnter Größe und in ausgedehnten Fiebersümpfen – vom sonst strapaziösen Klima einmal abgesehen. Livingstone notierte zu diesem Thema in seinem Tagebuch: «Die Hitze war dermaßen groß, daß sogar die Fliegen den Schatten aufsuchten und die riesigen Tausendfüßler, wenn sie sich versehentlich aus ihren Löchern hervorwagten, auf dem glutheißen Sand förmlich gedörrt wurden.» Darüber hinaus mußten die Forscher und ihre Träger mit anderen Gefahren rechnen: mit wilden Tieren, mit feindseligen, oft kannibalischen Stämmen und nicht zuletzt mit Parasiten und Insekten, die furchtbare Krankheiten übertragen wie zum Beispiel die Filariose, die Malaria oder die Schlafkrankheit, welche von der gefürchteten Tsetsefliege verbreitet wird.

Die Tsetsefliege (Glissina palpalis)

Die Tsetsefliege ist eine Bremsenart. Sie sticht Tiere und Menschen, um ihr Blut zu saugen, und überträgt dabei eine Triponosomenart, die die tödliche Schlafkrankheit auslöst. Diese Krankheit ist in den äquatornahen Gegenden Afrikas ausgesprochen verbreitet. Sie äußert sich durch Fieberanfälle, Schwellung der Lymphknoten, Störungen der Hirnfunktionen und vor allem durch eine ständige Schläfrigkeit mit Schlafattacken, die im Krankheitsverlauf immer dichter aufeinander folgen, bis ein ohnmachtsähnlicher Zustand erreicht ist, der schließlich zum Tode führt.

Zwischen dem Stich der Fliege und dem Ausbruch der Krankheit liegen 10 bis 20 Tage Inkubationszeit.

Wirtstiere der Tsetsefliege sind Büffel, vor allem aber Antilopen, deren Blut die Fliege saugt und sie dabei ansteckt.

Tsetsefliege

Die Filariose

Diese Krankheit wird von einem kleinen, weiß durchscheinenden Wurm ausgelöst, der in den äquatorialen und tropischen Gebieten heimisch ist und dessen Larven durch Mücken von Mensch zu Mensch übertragen werden, indem diese die im Blut eines Kranken enthaltenen Larven beim nächsten Stich auf einen gesunden Menschen übertragen. Die Würmer nisten sich im Lymphsystem ein und erreichen eine Länge von bis zu 10 Zentimetern. Durch die Behinderung des Lymphflusses kommt es in den betroffenen Körpergegenden zu großen, beulenartigen Schwellungen.

Wild auf Blut

Zur Familie der Zweiflügler gehören auch viele verschiedene Mückenarten. Die bei uns bekannteste ist die gemeine Stechmücke (Culex pipiens), die häufig unseren Schlaf stört, vor allem in der warmen Jahreszeit. Sie ist drei bis sechs Millimeter lang, bräunlich gefärbt und trägt ein Paar durchsichtiger Flügel. Mücken und Fliegen besitzen an der Basis der Flügel kurze Stiele, die mit einer kleinen Verdickung enden. Diese Stielchen dienen den Tieren als eine Art Balancierstangen und helfen ihnen, während des Flugs das Gleichgewicht zu halten.

Die Malaria

Die Anophelesmücke, von der die Malaria auf den Menschen übertragen wird, lebt in sumpfigen Gebieten. Von der gemeinen Stechmücke unterscheidet sie sich dadurch, daß sie schräg auf einer Oberfläche sitzt und nicht parallel dazu, und daß ihre Larven waagerecht im Wasser sitzen und nicht senkrecht wie die der Stechmücke. Der Stich der Anopheles setzt die Erreger der Malaria, kleine Sporentierchen, in das Blut. Die Erkrankung äußert sich in chronisch verlaufenden Fieberanfällen und durch schwere Blutarmut.

Die Arbeitsbedingungen in den englischen Baumwollspinnereien zu Beginn des 19. Jahrhunderts

Als der erst zehnjährige David Livingstone in der Baumwollspinnerei Mills zu arbeiten begann, dauerte der Arbeitstag von morgens sechs bis abends acht Uhr, mit einer halben Stunde Pause für das Frühstück und einer Stunde Mittagspause. Die Arbeitswoche betrug sechs Tage.

Ein Viertel der Beschäftigten waren wie Livingstone Kinder; die meisten davon arbeiteten als «piecer»; sie mußten an den laufenden Maschinen die Fäden wieder zusammenknüpfen, die zu reißen drohten. Es war eine mühsame Arbeit, mit der verhindert werden sollte, daß Schäden am Faden die Qualität des Garns herabsetzten. Den Kindern wurde für diese Aufgabe ständig höchste Aufmerksamkeit abverlangt; sie mußten die Fäden ständig im Auge behalten. Waren sie unaufmerksam, so wurden sie von den Vorarbeitern unbarmherzig geschlagen.

Die «piecers» mußten auch besonders geschickt sein, da sie unter die Spinnmaschine kriechen oder auf ihrem Rahmen balancieren mußten, während sie in vollem Betrieb war. Beim ständigen Hin- und Herlaufen zwischen den Arbeitern legten sie pro Tag leicht zwanzig Kilometer zurück, wobei sie sich meist zwischen den laufenden Fäden hindurchschlängeln mußten.

Viele Kinder wurden bei dieser Arbeit krank oder trugen bleibende Schäden davon. Regierungskommissionen der damaligen Zeit mußten eingestehen, daß viele der Kinder an Rachitis litten und daher verformte Gliedmaßen und Krampfadern aufwiesen. Eine große Anzahl der «piecers» wurde von Lungenentzündungen dahingerafft, die sie sich in den 30 Grad warmen Maschinenhallen zuzogen. Weniger als 10% der damals arbeitenden Kinder brachte abends noch die Energie auf, die Abendschule zu besuchen. Einer dieser wenigen war David Livingstone.

Mit dem Aufkommen der Manufakturbetriebe, also Handwerksfabriken, verschlechterte sich die ohnehin schon äußerst nachteilige Situation der Arbeiter beträchtlich. Man zog zu den Arbeiten in großer Zahl Kinder und Jugendliche heran; oft stammten sie aus Waisenhäusern.

Englische Baumwollspinnerei

Elf Jahre nach jener ersten Begegnung Livingstones mit Doktor Philip kehrte er mit der Familie, die er mittlerweile gegründet hatte, am 16. März 1852 nach Kapstadt zurück. Sie hatten eine sechsmonatige Reise über 2.400 Kilometer hinter sich. Weder Livingstone noch seine Frau, Mary Moffat, Tochter eines evangelischen Pastors aus Kuruman, hatten in all den Jahren eine Stadt betreten. Ihre Kinder Robert, Agnes, Thomas und Oswell – der Älteste war sieben Jahre alt – hatten in ihrem Leben überhaupt noch nie eine Stadt gesehen.

Die Familie Livingstone bot bei ihrem Einzug in Kapstadt einen seltsamen, malerischen Anblick: David sah mit seinem sonnenverbrannten Gesicht und dem ziemlich ungepflegten, struppigen Bart geradezu wild aus; Frau Livingstone, eine korpulente Person, war ständig damit beschäftigt, die Kinder zu beaufsichtigen, die auf dem großen Karren herumturnten, der mit allerlei Hausrat und Tüchern beladen war.

Sie waren reichlich armselig in zerschlissene Kleider gehüllt und bestaunten die Wunder der Stadt mit ihren Geschäften, den Straßen und all den Menschen, die kamen und gingen und auf den Bürgersteigen stehenblieben, um dem Karren nachzublicken.

Livingstone, den das Aufsehen, das er mit den Seinen erregte, nicht zu berühren schien, lenkte die beiden abgezehrten Zugochsen. Für ihn war diese Stadt nicht mehr als ein kurzer Zwischenaufenthalt, von der aus er baldmöglichst zu einer neuen Reise in das Innere des schwarzen Kontinents aufbrechen wollte, dessen

Erforschung nunmehr zu seinem Lebensziel geworden war. Davon wußte seine Familie indessen noch nichts.

«Wir müssen uns eine Unterkunft suchen», wandte sich Livingstone an seine Frau und lenkte die Ochsen in eine Seitenstraße. «Der Reverend Philip – ich hoffe, er lebt noch – wird uns wohl nicht auf der Straße übernachten lassen wollen.»

Es drängte die Kinder, vom Wagen zu klettern, um aus der Nähe die Geschäfte und all die neugierigen Leute betrachten zu können, die sich fragten, woher diese ausgezehrten Gestalten wohl kamen, wohin sie gehen mochten. Die Mutter hatte ihre liebe Mühe, den kleinen Oswell in ihren Armen zurückzuhalten. Jetzt mußten die Kinder lernen, sich unter zivilisierten Menschen zu bewegen.

Sie fuhren nun auf der Straße, die hügelwärts zum Hause des Reverend Philip führte. Livingstone schien gleichgültig auf seinem Kutscherbock zu sitzen; er betrachtete verträumt den Sonnenuntergang und wandte sich ab und an zurück. Er blickte auf die Stadt, die sich mit ihrem Komfort, dem Reichtum an Nahrungsmitteln und vielem mehr, aber auch mit ihrem Lärm und den vielen Menschen entfernte – all dies war er nicht mehr gewohnt.

Er erinnerte sich jener Reise, als er zum ersten Mal von Kapstadt aufgebrochen war. In dem Maß, in dem er sich Kuruman und dem Bechuanaland genähert hatte, hatte sich auch die Landschaft verändert, die dem heimatlichen Schottland nicht unähnlich gewesen war. Zum ersten Mal erblickte er damals jene felsigen, von trockenen Sträuchern bewachsenen Ebenen, die ihm in den folgenden Jahren so vertraut werden sollten wie eine zweite Heimat.

Die sonnenverbrannte Hochebene von Bechuanaland war von oft trocken liegenden Flußläufen durchzogen, die man mühsam mit dem Karren durchqueren mußte. Nach der Regenzeit, im Frühling, füllten sich die Flußbetten mit Wasser, an ihren Ufern grünte das Gras, und eine reiche Blütenpracht entfaltete sich: Lilien, Mopane-Bäume mit ihren blaurosa Blüten, die purpurgefleckten Blätter der Aloe, kleine Palmen und die knotigen Baobabs mit ihren schlanken Ästen. Er hatte damals den Zauber Afrikas entdeckt, jene vollkommene Freiheit, sein Lager aufzuschlagen, wo immer er wollte, sein Feuer zu entzünden und sein Essen in jenem Frieden einzunehmen, den sein Geist in dieser unendlichen Stille erlangte. Damals war er dem Gedanken verfallen, seine Aufgabe könne darin bestehen, in unerforschten Ländern unter Menschen, die zwar einsam lebten, aber Gott vielleicht näher waren als diejenigen, die er in London oder Kapstadt zurückgelassen hatte, als Missionar zu wirken. Er glaubte an die Unschuld des «Guten Wilden» und daran, daß der Schöpfer in jedem Geschöpf gegenwärtig war.

Er dachte auch an seine erste Begegnung mit der afrikanischen Tierwelt, an die zahlreichen Giraffenherden und ihre unvermittelte Flucht über die Savanne, die Antilopen und vielköpfigen Gnuherden, die ihm oft den Weg versperrten, die majestätischen Löwen, die wuchtigen

Nashörner oder die Zebras. Und Tag für Tag, bis er endlich in Kuruman anlangte, hatte er mehr von der neuen Welt entdeckt. Über Kuruman schrieb er: «Ein Dorf von vielleicht 350 Seelen, rings von Wüste umgeben, die den größten Teil des Jahres völlig trocken liegt. Große Teile der Bevölkerung leiden an schweren Augenerkrankungen. Was besonders auffällt, sind die knorrigen, oft mit krummen, dicken und sehr spitzen Dornen bewaffneten Büsche.»

Er entsann sich der ersten Monate in der Mission. Eine harte Arbeit in einer Gemeinde, deren Kenntnis vom Evangelium recht bescheiden war; umgeben von Stämmen, die den Missionaren, von denen eine völlig fremde Religion verbreitet wurde, ausgesprochen feindlich gesonnen waren.

Reverend Philip, den man wohl von ihrer Ankunft in der Stadt unterrichtet hatte, erwartete sie an der Gartenpforte. Livingstone erblickte ihn, als er in die Straße einbog. Er hielt den Karren an und ließ seine Augen einen Moment lang auf dem Reverend ruhen: der erste Freund seit der Abreise aus Linyanti.

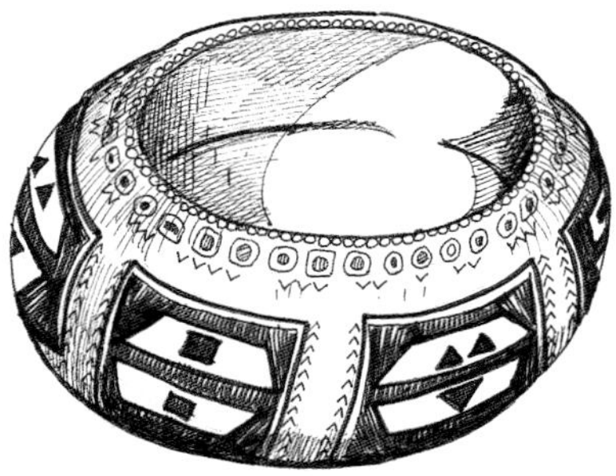

Keramik aus dem Tete-Gebiet

«Tatsächlich, der Reverend Philip», sagte Mary. «Er hat sehr gealtert», sagte Livingstone leise zu ihr, bevor er vom Karren sprang. «Wer weiß, was für einen Eindruck wir auf ihn machen», lächelte sie ihm zu, während sie die Kinder zurückhielt, die sich schon wie ihr Vater über den Wagenrand schwingen wollten. Livingstone tat einige Schritte auf den Reverend Philip zu, der ihnen auf seinen schwachen Beinen entgegengeeilt kam. Lange lagen sich die beiden Männer schweigend in den Armen.

«Es ist ja so lang her, mein Sohn», seufzte der Reverend endlich. «Und so eine schöne Familie!» Sofort umringten ihn Frau und Kinder, ohne daß Livingstone Zeit gehabt hätte, sie ihm vorzustellen. Der Reverend war verwirrt, aber auch sehr erfreut über diese stürmische Begrüßung.

«Es ist ein Geschenk des Himmels, daß ich Euch wiedersehen darf», sagte er, indem er sie mit einer Geste ins Haus einlud. «Mein bescheidenes Heim steht Euch zur Verfügung. Ihr werdet müde sein nach der langen Reise.»

Mary Livingstone suchte ein wenig in dem Gepäck auf dem Karren herum und zog einige Säcke hervor. «Die letzten sauberen Kleider für die Kinder», erklärte sie. «Aber vorher muß ich meine Kleinen gründlich waschen.»

Der Reverend lachte. «Hier unten ist eine Dusche. Warmes Wasser haben wir allerdings nicht.» «Oh, das macht nichts», beruhigte ihn die Frau und machte sich mit der Kinderschar auf den Weg, «sie sind an einiges gewöhnt... Ich muß sie gut waschen, damit sie Euch nicht die Flöhe ins Haus tragen ...»

Livingstone lud noch einige Säcke ab, bevor er dem Reverend ins Haus folgte. «Kommt, Doktor», sagte dieser und ging ihm voran. «Die Missionsgesellschaft hat mir Briefe und Geld für Euch gesandt.»

«Gott sei gelobt», antwortete Livingstone, «dann kann ich meinen Kindern wenigstens neue Kleider kaufen.» «Elf Jahre ...» Der Reverend trat in einen Raum ein, in dessen Kamin ein großes Feuer knisterte. «Es kommt mir vor wie gestern. Wißt Ihr noch, wie eifrig Ihr Eure erste Mission erwartet habt?»

Livingstone setzte sein Gepäck ab. «Es ist eine harte Arbeit», sagte er. «Wir werden es nie schaffen, sie alle zu bekehren.» «Mit dem richtigen Glauben werden wir's schon schaffen», sagte der Reverend. «Mit Glauben und mit Geduld.»

Nach einem üppigen Abendbrot am mit Decke, Geschirr, Gläsern und Besteck gedeckten Tisch – die Livingstones waren so etwas schon gar nicht mehr gewöhnt – ließ man sich um den Kamin nieder, dessen Feuer von der eingeborenen Hauswirtschafterin mit immer neuen Bündeln krachenden, wohlduftenden Holzes unterhalten wurde.

«Ich kenne Euren Vater, den Reverend Robert», nahm Philip, zu Mary gewandt, das Gespräch auf. «Ich habe all seine Schriften gelesen. Er ist mit den Problemen unserer Missionen bestens vertraut.» «Und ich habe viel von Euch erzählen hören», lächelte Mary ihrerseits. «Bevor ich heiratete, hat mir mein Vater immer Eure Berichte zu lesen gegeben.

Kuruman im Bechuanaland

Kuruman ist wirklich eine beispielhafte Missionsstation, und das Verdienst gebührt Euch.»

Der Reverend blies die Glut des Feuers an, um seinen Stolz über die Bemerkung zu verbergen. «Die Eingeborenen von Bechuanaland sind viel mehr als am Evangelium an den Glasperlen interessiert, von denen können sie gar nicht genug bekommen ... Es ist ziemlich traurig.» Livingstone nickte, das Problem kannte er.

«Um die Wahrheit zu sagen, unsere Mission ist gescheitert», stellte er fest. «Wir müßten eingeborene Missionare ausbilden, die wären viel glaubwürdiger und würden von der Bevölkerung akzeptiert werden, eher als wir.»

Der Reverend antwortete nicht. Er lehnte sich behaglich in seinem Sessel zurück und genoß die Wärme des Kamins. «Wie ich hörte, seid Ihr bis 800 Kilometer nördlich von Bechuanaland vorgedrungen?» «In der Tat», bestätigte Livingstone. «Auf meiner ersten Reise habe ich ein Gebiet entdeckt, das recht dünn besiedelt ist, und zwar von zwei Stämmen, den Bakhtala und den Bakwin.»

Seine Frau schüttelte sich vor Lachen: «Erzähl dem Reverend, was sie zu deiner Nase gesagt haben!» regte sie an. «Wie bitte?» fragte der Reverend amüsiert. «Was ist denn das für eine Geschichte?»

«Ich war eben der erste Weiße, den sie je zu Gesicht bekommen haben», gab Livingstone lachend zur Antwort. «Meine glatten Haare, meine Nase – damit habe ich großes Aufsehen erregt. Am Ende trat gar eine Frau ganz dicht an mich heran und faßte mich bei der Nase, weil sie dachte, sie sei vielleicht künstlich... Sie hatten nie zuvor solche langen Nasen gesehen wie wir Weiße sie haben; ihre eigenen sind eher platt und ragen kaum aus dem Gesicht hervor.»

«Papa, erzähl die Geschichte mit dem Löwen», bat Robert, der Älteste. Mit einer Geste gebot ihm Livingstone zu schweigen, berührte jedoch unwillkürlich seinen linken Arm. Der Reverend riß die Augen auf: «Seid Ihr von einem Löwen angefallen worden?» «Eine dumme Geschichte, sehr dumm sogar», antwortete Livingstone. «Am liebsten würde ich gar nicht davon reden.»

«Aber Papa», unterbrach ihn Robert wieder. «Du hast sie uns doch jeden Abend zum Einschlafen erzählt...» Livingstone lächelte. Sein Sohn hatte recht. Er stand auf, um einige Äste ins Feuer zurückzuschieben, die ins Zimmer qualmten.

«Es geschah in Mabotsa», begann er, «im Februar 1844. Seit Tagen wurde das Dorf, in dem wir gerade eine neue Missionsstation eröffnet hatten, von einer Gruppe Löwen in Angst und Schrecken versetzt. Am hellichten Tage brachen sie in die Ställe ein und zerrissen Schafe und Kühe. Die Überfälle häuften sich dermaßen und waren so grausam, daß die Eingeborenen schließlich meinten, ein benachbarter Stamm habe ihnen die Löwen angehext. Diesen Aberglauben wollte ich sofort im Keim ersticken.

Ich wußte, daß eine Löwenherde den Ort meidet, an dem einer der ihren getötet worden ist. Eines Tages nun wurde eine Frau, die sich zum Holzsammeln alleine in die Savanne hinausgewagt hatte, von einem Löwen verschleppt. Hier war nun schnelles Handeln gefragt! Ich rüstete also gemeinsam mit den mutigsten Kriegern meines Stammes zur Löwenjagd – bewaffnet waren wir mit Lanzen, sonst nichts, nur ich und mein eingeborener Assistent hatten ein Gewehr.

Wir sichteten die Löwen auf einem kleinen, bewaldeten Hügelchen, das um die vierhundert Meter lang war. Ich ließ die Eingeborenen sich im Halbkreis aufstellen. Dann begannen wir langsam den Hügel hinaufzuziehen. Sofort trafen wir auf einige der Tiere, denen die Flucht gelang, ohne daß die Eingeborenen in ihrer Furcht, sich gegen einen Zauber zu wenden, gewagt hätten, ihre Lanzen nach ihnen zu werfen. Schon war ich entmutigt und wollte ins Dorf zurückkehren. Da bemerkte ich, wohl nur gerade dreißig Meter von mir entfernt, einen Löwen, der sich hinter einem Busch versteckt hielt. Ich zielte genau mit meinem Gewehr und feuerte zwei Schüsse ab. «Getroffen, getroffen!» jubelten die Eingeborenen und wollten zu ihm hinüberlaufen, ich

aber rief ihnen zu, sie sollten warten. Als ich gerade dabei war, das Gewehr wieder zu laden, fiel mich der Löwe plötzlich an und packte mich beim Arm. Er knurrte laut und schüttelte mich hin und her, wie eben eine Katze ihre Beute schüttelt. Ich war gelähmt vor Schreck und Schmerzen und sah, wie Mabalué, mein eingeborener Assistent, in fünfzehn Metern Entfernung sein Gewehr lud und zielte. Der Löwe ließ von mir ab und sprang auf ihn zu, aber ein anderer Eingeborener konnte ihn mit einem Lanzenstich ablenken. Gerade als sich der Löwe dieser neuen Beute zuwenden wollte, warfen ihn endlich die beiden Kugeln, die ich vorher auf ihn gefeuert hatte, um.»

Der Reverend, der wie die beiden Söhne Robert und Thomas, die noch nicht schlafen gegangen waren, mit offenem Munde gelauscht hatte, schwieg staunend. Livingstone krempelte den linken Hemdsärmel hoch und zeigte seine Narben; es sah aus, als wäre der Arm in das Räderwerk einer Maschine geraten. Verwundert schüttelte der Reverend den Kopf. «Solch eine Wunde pflegt sonst tödlich zu sein», äußerte er erschrocken. «Es hat drei Monate gedauert und ich mußte schlimme Schmerzen ertragen, bis es einigermaßen geheilt war.» Livingstone knöpfte die Manschetten wieder zu. «Die Knochen sind nicht ganz gerade zusammengewachsen, und die Narben jucken immer noch scheußlich.»

Mary Livingstone verabschiedete sich; sie brachte nun die beiden Kinder zu Bett. Livingstone nahm wieder auf seinem Sessel beim Feuer Platz. Der Reverend schien zu träumen und schaute den Funken nach, die langsam im Kamin aufstiegen.

«Jetzt ist es spät», sagte er, «aber morgen müßt Ihr mir die Geschichte von Sekele, dem Häuptling der Bakhtala, erzählen. Stimmt es, daß es Euch gelang, ihn zu taufen?»

«Ja, ja», seufzte Livingstone. «Das war so gut wie mein einziger Erfolg als Missionar. Aber es ist eine lange Geschichte.»

Lange Geschichten hatte Livingstone etliche zu erzählen. Jeden Abend, wenn sich die Familie und der Reverend vor dem Feuer versammelt hatten, gab er eine zum besten. Er erzählte ihnen von den Stämmen in Bechuanaland, von ihrem mühevollen, armseligen Leben, von ihrer Kleidung und davon, wie sie sich mit einer Mischung von Fett und Metallstaub schminkten.

Er berichtete auch, wie er Sekele, den Häuptling, getauft hatte, trotz des Widerstandes des gesamten Stammes, vor allem der Frauen des Häuptlings, die er hatte verstoßen müssen. Was sich als Livingstones größter Tag als Missionar angelassen hatte, endete mit der größten Gewissensprüfung. Er zweifelte daran, daß es richtig sei, dem Täufling seine alten Bräuche zu untersagen. Als er einige Zeit später feststellte, daß Sekele wieder mit all seinen Frauen lebte, begriff er, daß trotz seines eigenen guten Willens und dem des Häuptlings alle Anstrengungen vergeblich gewesen waren.

Außerdem, das war sein liebstes Thema, berichtete er von seinen Reisen.

Von 1849 bis 1851 unternahm er große Expeditionen in das Gebiet nördlich von Kolobeng. Die erste führte 480 Kilometer weit zum Ngamisee, der bis dahin unbekannt gewesen war. Auf der zweiten beschrieb er im Nordosten dieses Sees einen großen Kreis und entdeckte neue Stämme und neue Gebiete, und während der dritten Reise, auf der er bis zum Sambesi gelangte, wurde ihm klar, daß er die Ziele seines Lebens und seiner Missionstätigkeit neu überdenken mußte. Auf dieser dritten Reise entdeckte er auch, neben dem Stamm der Makalolo, mit denen er später noch viel zu tun haben würde, daß die benachbarten Mambari seit längerer Zeit mit Sklavenhändlern zusammenarbeiteten.

Diese Nachricht ließ den Reverend erschauern. «Nie hätte ich geglaubt, daß der Menschenhandel schon so weit ins Innere Afrikas vorgedrungen ist», sagte er kopfschüttelnd.

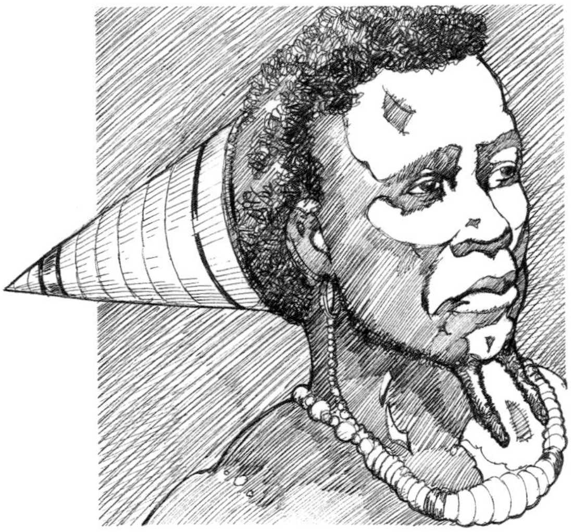

Häuptling Sekele

Livingstone schwieg. Die Kinder waren zu Bett gegangen, seine Frau nahm gerade das Tischgedeck ab. «Man muß die Flüsse benutzen», sagte er und stand auf, um im Raum auf- und abzuspazieren. Der Reverend blickte ihn an, auf die Fortführung des Gedankens gespannt.

«Wäre der Sambesi bis zum Indischen Ozean befahrbar», fuhr Livingstone fort, «dann könnte man auf ihm als natürlichem Verkehrsweg bis ins Innere des Kontinents vordringen. Handel, Zivilisation, Christentum, alles könnten wir flußaufwärts verbreiten. Nur so wird es uns gelingen, Afrika von der Plage der Sklaverei zu befreien.» «Das ist eine großartige Idee», urteilte der Reverend. «Aber sicher äußerst schwierig in die Tat umzusetzen.»

Livingstone senkte die Stimme und nahm wieder auf seinem Sessel Platz. «Ich habe viel nachgedacht in diesen Jahren», sagte er. «Missionar sein – das heißt doch nicht nur, die Heiden zu bekehren. Wir müssen dem Evangelium auch den Weg ins Herz der Menschen bahnen ...»

Der Reverend faltete die Hände. »Das sind riesige Vorhaben, mein Sohn», seufzte er. «Wir würden ungeheure Mittel dazu brauchen.»

«Wir brauchen mutige, glaubensstarke Männer», stellte Livingstone fest, «halb Forscher, halb Gesellschaftswissenschaftler; halb Glaubensverkünder, halb Händler – und vor allem: entschiedene Feinde der Sklaverei!»

Der Reverend schaute ihn begeistert an. Erneut sprach Livingstone leise, damit seine Frau ihn nicht hörte. «Ich spüre, Gott hat mich zu dieser Aufgabe berufen. Helft mir, daß meine Familie in die Heimat zurückkehren kann. Wenn ich allein bin, dann kann ich es schaffen.»

Der Reverend öffnete die Arme. «Ich dachte mir schon, daß Ihr mich darum bitten würdet», sagte er, «und habe bereits alles vorbereitet.»

Mary Livingstone trat neben ihren Gatten und legte ihm die Hand auf die Schulter. «Doktor Philip hat der Missionsgesellschaft in London einen Brief geschickt», sagte sie. «Ich kenne deine Pläne und kann sie nur unterstützen.» Livingstone drückte ihr zärtlich die Hand. «Ich habe ein schlechtes Gewissen. All die Mühen, die du und die Kinder auf den Reisen ertragen mußtet...»

Seine Frau lächelte ihm zu: «Es war eine unvergeßliche Zeit. Unsere Kinder haben sich nie beklagt. Im Gegenteil, ich glaube, sie haben das freie Leben sehr genossen. Aber so allmählich müssen sie zur Schule gehen und lernen, in ihrem Vaterland zu leben.»

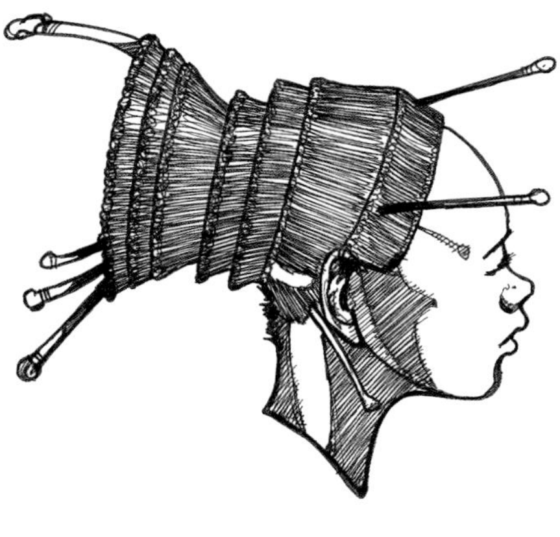

Frau aus dem Stamm Marese, Zaire

Livingstone fiel ein Stein vom Herzen. «Ich war sicher, du würdest mich verstehen.» Er mußte vor Rührung schlukken. «In England kannst du bei meinem Vater wohnen, und die Missionsgesellschaft wird euch unterstützen. In einigen Jahren komme ich zurück, und dann bauen wir uns ein gemeinsames Leben auf...»

Seine Frau streichelte ihm mit tränennassen Augen den Arm, wünschte gute Nacht und begab sich in ihr Zimmer.

Lange noch blieben die beiden Männer vor dem Kamin sitzen und blickten schweigend in die Flammen, bis sie erloschen.

Benalulua Trommel

Livingstones erste Reisen

Livingstone unternahm seine ersten Reisen, auf denen er zum Teil von seiner Familie begleitet wurde, zwischen 1841 und 1852. Erwähnenswert sind vor allem die drei Reisen ins Gebiet nördlich von Kolobeng.

1. Reise – Am 1. Juni 1849 brach Livingstone von Kolobeng auf. Er wurde von anderen Missionaren und einigen Dutzend eingeborenen Trägern begleitet sowie von dreißig Mitgliedern des Bakhtala-Stammes, die der Häuptling Sekele mitgeschickt hatte, damit sie unterwegs alles Elfenbein aufkauften, dessen sie nur habhaft werden konnten.

Nach fünf Wochen erreichte die Expedition den Fluß Zouga, den sie wegen Unstimmigkeiten mit der örtlichen Bevölkerung nicht überqueren konnten. Livingstone bog also nach Westen ab und entdeckte den Ngamisee. Dann kehrte er nach Kolobeng zurück, wo er am 9. Oktober eintraf. Seine Familie erwartete ihn unterdessen in Kuruman.

2. Reise – Mit der Absicht, die Gebiete nördlich des Ngamisees zu erforschen, machte sich Livingstone, diesmal von seiner Familie begleitet, im April des Jahres 1850 wieder auf den Weg. Robert war vier Jahre alt, Agnes drei und Thomas eins; Mary erwartete außerdem ein viertes Kind. Während der Reise fiel der größte Teil der Ochsen den Tsetsefliegen zum Opfer, und in der Nähe des Ngamisees erkrankten Livingstones Kinder an Malaria. Da er also nicht über den See hinausgelangen konnte, kehrte Livingstone durch die Kalahariwüste nach Kolobeng zurück. Die Reise hatte nur wenig mehr als drei Monate gedauert.

3. Reise – Im April 1851 unternahm Livingstone gemeinsam mit seiner Familie, einigen Missionaren und einem englischen Naturwissenschaftler seine dritte Forschungsreise von Kolobeng aus.

Mitte Juni befanden sie sich bereits mehr als 250 Kilometer nördlich des Zouga, wenige Wochen darauf erreichten sie den Linyanti, und Livingstone stellte fest, daß es sich um einen Zufluß des Sambesi handelte. Nördlich des Linyanti trafen sie auf die Makalolo. Am 4. August erreichte man das Ufer des Sambesi. Die Breite des Flusses überzeugte Livingstone davon, hier einen Wasserweg gefunden zu haben, auf dem er von Zentralafrika bis zur Ostküste von Moçambique gelangen könnte. Zum ersten Mal hörte er von Eingeborenen Berichte über einen großen Wasserfall, der sich ungefähr 130 Kilometer östlich befinden sollte. Es handelt sich um die berühmten Viktoriafälle, die er auf seiner nächsten Reise entdecken sollte.

Im August 1851 beschloß Livingstone zusammen mit den anderen Teilnehmern seiner Expedition, nach Kolobeng zurückzukehren, wo sie am 27. November 1851 eintrafen.

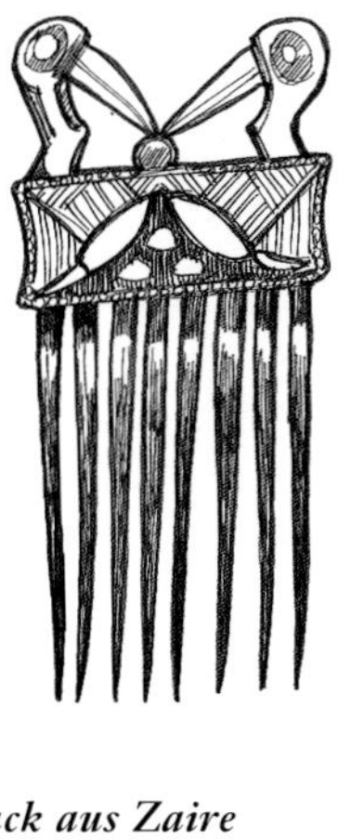

Kamm, Schmuck aus Zaire

Der Sklavenhandel

England hatte die Abschaffung der Sklaverei im Jahre 1833 verkündet, worauf Spanien, Portugal und Frankreich sofort nachzogen. Diese Staaten sandten Dutzende von Kriegsschiffen aus, die vor der westafrikanischen Küste kreuzten, um den schändlichen Handel mit für Amerika bestimmten Sklaven zu unterbinden.

Trotz dieser Maßnahmen wurden noch zur Zeit der ersten Reisen David Livingstones nicht weniger als 60.000 Afrikaner jährlich auf den berüchtigten Sklavenschiffen nach Amerika entführt.

Livingstone war der Meinung, der Sklavenhandel beschränke sich auf Westafrika und die dazugehörige Küste. Auf seiner dritten Reise jedoch mußte er feststellen, daß er bis zum Oberlauf des Sambesi vorgedrungen war und daß die Makalolo und Mambari häufig Beutezüge zu benachbarten, unterworfenen Stämmen unternahmen, um dann ihre Opfer an portugiesische und arabische Händler zu verkaufen.

Meist überfielen sie die anderen Stämme, wenn sie auf der Reise nach Sansibar waren, wo sie große Mengen an Elefantenzähnen verkauften. Die Sklaven wurden erst als Träger für diese Ware verwandt und an der Ostküste dann auf arabische Schiffe verladen, die die Sklavenmärkte des mittleren Orient belieferten.

Livingstones Karren

Im September 1853 erreichte Livingstone Linyanti im Stammesgebiet der Makalolo, nachdem er den Sambesi aufwärts bis zum Tal des Barotse im Nordwesten vorgedrungen war. Er war dort auf die Malaria getroffen, ausgerechnet in einer Gegend, die er von früher als krankheitsfrei und für eine neue Missionsstation gut geeignet in Erinnerung gehabt hatte.

Den ganzen Tag hörte man weithin den Klang der Tamtams, mit denen die Makalolo die Rückkehr der Expedition feierten. Am Abend wurden dann im Dorf große Freudenfeuer entzündet.

Livingstone war von den Anstrengungen der Reise und von Fieberanfällen entkräftet; er wollte aber dennoch nicht aufgeben. Gut, er wußte jetzt, daß das Barotse-Tal für eine Mission ungeeignet war. Auch hatte er feststellen müssen, daß die Makalolo, von denen er eigentlich gedacht hatte, sie hätten das Evangelium begriffen, Mitglieder unterworfener Stämme an die Mambari verkauften, die ihrerseits mit portugiesischen Sklavenhändlern zusammenarbeiteten.

Als am Abend seiner Rückkehr das dumpfe Trommeln endlich nachgelassen hatte, war in Livingstones Herz ein Entschluß gereift: er wollte eine Straße von Zentralafrika bis zum Meer einrichten. Ohne eine solche Verkehrsverbindung, dachte er, bestünde nicht die geringste Hoffnung darauf, die von aller Welt abgeschnittenen Afrikaner von der Sklaverei zu befreien. Er empfand nicht den geringsten Grund zum Feiern. Er schlug sein Tagebuch auf und schrieb, plötzlich von Mutlosigkeit gepackt, einen einzigen Satz: «Ich weiß nicht mehr was tun ... man müßte eine 'Hauptstraße' einrichten ...»

Da wurde er von einer Erscheinung in der Tür seiner Hütte unterbrochen: der Stammeszauberer, in Festtracht gehüllt. «Unser Häuptling Sekeletu wünscht dich zu sprechen», sagte der Zauberer. «Ich werde dein Fieber heilen. Wir haben beschlossen...»

Livingstone konnte nicht umhin, ein wenig zu lächeln. «Ich danke dir», sagte er, indem er das Tagebuch beiseitelegte, «aber ohne Chinin wird das Fieber nicht verschwinden.» Der Zauberer tat so, als habe er seinen Einwand überhört. Er machte ein Säckchen von seinem Gürtel los und legte es auf den Boden. «Schlangenhirn», erklärte er. «Du nimmst es, dann wirst du gesund.»

Livingstone dankte ihm. Draußen begann wieder das Trommeln der Tamtams; der Festtanz stand bevor. «Heute nacht werden wir alle Träger heilen.» Der Zauberer hob feierlich seine Arme gen Himmel. «Und dich auch. Folge mir. Der Häuptling erwartet dich.»

Livingstone wußte, daß er eine solche Einladung nicht ausschlagen durfte. Er nahm seine Mütze und folgte dem Medizinmann. Der Häuptling Sekeletu hatte ihm einen Platz an seiner Seite bestimmt. Als er saß, reichte ihm der Zauberer eine Schale mit einem undefinierbaren Trank.

«Du wirst gesund», wiederholte er und legte ihm eine Hand auf den Kopf. Livingstone, der jetzt wußte, worum es sich handelte, schluckte den Trank und ließ sich neben Sekeletu nieder. «Alle sind über deine Rückkehr glücklich», sagte dieser. «Sie glauben, du hast die Matabele befriedet.»

Livingstone begriff, daß er etwas unternehmen mußte. Die Matabele hatten die Makalolo aus dem Gebiet südlich des Linyanti verjagt und lebten nun zwischen diesem Fluß und dem Sambesi, also gewissermaßen in einer Falle, und dazu noch in einer Malariagegend.

«Nach meiner nächsten Reise werde ich mit dem Reverend Moffat reden, meinem Schwiegervater...»

«Darum sind meine Leute ja so zufrieden. Vater Moffat, der auch der Vater deiner Frau ist, ist ein guter Freund der Matabele. Er wird sie dazu überreden können, uns unser Land zurückzugeben ...»

Livingstone nickte und bemerkte plötzlich erstaunt, daß sein Kopf weniger schwer war als noch kurz zuvor. Das Fieber war gefallen, seine Stirn fühlte sich geradezu kühl an. Der Zauberer hatte sein Erstaunen bemerkt und lächelte ihm mit zwei Reihen weißer Zähne zu. «Schlangenhirn», sagte er, «große Medizin.»

«Wir müssen wieder aufbrechen.» Livingstone wandte sich an Sekeletu. «Wir müssen zum großen Meer reisen, wir haben Freunde dort, Weiße, Engländer...» «Feuerwaffen, Stoffe, Schießpulver?»

«Ja, auch das», antwortete Livingstone. «Wir verkaufen euer Elfenbein und zeigen vielen Missionaren den Weg hierher, auch dem Vater Moffat und den

Händlern. Ihr werdet keine Not mehr leiden, und alle Krankheiten werden besiegt.»

Sekeletu, Sohn des alten Häuptlings Sebitone und selber gerade erst zwanzig Jahre alt, dachte lange nach. Dann griff er nach einem Stock und begann, im Sand herumzumalen. Livingstone begriff, daß er eine Karte zeichnen wollte. Er nahm ihm den Stock aus der Hand und zog selber den Lauf des Sambesi. Sekeletu verstand. «Wir werden den großen Fluß hinauffahren?»

«Genau», bestätigte Livingstone, «und zwar diesmal bis zur Mündung des Kabompo. Dann wenden wir uns nach Westen und gelangen nach Kasanga und Luanda.» «Wieviel von euren Kilometern?» fragte Sekeletu, nicht im geringsten beeindruckt von der Größe des Projektes, das Livingstone, fast ohne es selber zu bemerken, ihm vorschlug.

«Tausendsechshundert ...» Sekeletu schwieg einen Momant lang und stellte mit den Fingern geschwinde Berechnungen an. «Sieben Monde», stellte er fest. «Sechs oder sieben Monate. Aber wenn wir auf Benguela zu reisen, kommen wir früher an.»

«Nein», berichtigte Livingstone. «Da kreuzen wir den Weg der Sklavenkarawanen. Die Eingeborenen werden uns für Menschenjäger halten und uns angreifen. Außerdem ist die Gegend voll mit Tsetsefliegen.»

Sekeletu nickte: «Du hast recht. Wir werden es machen, wie du vorschlägst.»

Livingstone bediente sich mit einem Stück Antilopenfleisch, das über dem Feuer briet. Unvermittelt hatte er Appetit verspürt, das war ein gutes Zeichen. «Was denkst du, wann können wir aufbrechen?» erkundigte er sich bei Sekeletu.

«Wenn du wieder bei Kräften bist. Der Zauberer sagt, in drei Monden, zwei Monate ...» Ein guter Beschluß; trotz seines Alters war Sekeletu schon ein weiser Mann. «Ab morgen kannst du uns Lesen beibringen.»

Livingstone schaute ihn überrascht an. Sekeletu brach in Lachen aus: «Nicht mir, nicht mir... zwei Träger, die dort unten, du siehst sie tanzen, die sollen es lernen.»

Livingstone staunte noch mehr. «Warum ausgerechnet sie?» «Ich habe sie für einen Versuch bestimmt. Wenn das, was sie lesen, gut ist und sie nicht wie Sekele ihre Frauen verstoßen, dann werde ich es auch lernen.»

«Und wenn sie sie verstoßen?» «Dann verbrennen wir deine Bücher und du kannst allein auf deine große Reise gehen.»

Livingstone nahm die Mütze ab und kratzte sich am Kopf. Dann wandte er sich wieder seinem Antilopenbraten zu.

Am Morgen des 11. November 1853 brach Livingstone von Linyanti auf. Er führte eine Karawane von 27 eingeborenen Trägern an, die ihm Sekeletu zur Verfügung gestellt hatte. Auch einige Kanus hatte ihm der Häuptling geliehen und ihm zahlreiche Ochsen und eine große Menge Vorräte mitgegeben: Hafer, Stoff, Kupferdraht und Perlen, die ihm auf seiner Reise als Tauschwaren dienen sollten, um von den verschiedenen Stämmen im Landesinneren das Recht zur Durchreise zu erlangen. Für sich selber führte Livingstone in vier Metallkisten Munition für einen Karabiner und ein Gewehr mit, einige Hemden und Hosen, etwas Zucker, Tee, Kaffee und, in einem gesonderten Gepäckstück, ein kleines Zelt und eine Decke aus Schaffell. Es war wohl eine der armseligsten Expeditionen, die je ins Innere Afrikas aufgebrochen waren, doch Livingstone vertraute sich selber und vor allem den Zeichen des Allmächtigen.

Goliath Käfer

Am 19. November erreichten sie den Sambesi und schifften sich auf den Kanus flußaufwärts ein. Es ist aufschlußreich, hier das Tagebuch des Forschers zu zitieren, um einen Eindruck davon zu bekommen, wie sorgfältig er jeden Tag seiner Reise geplant hatte.

«Wecken um 5 Uhr morgens. Nach dem Frühstück und dem Beladen der Kanus Aufbruch flußaufwärts. Die zwei folgenden Stunden sind die angenehmsten des ganzen Tages, da die Männer mit frischen Kräften rudern. Gegen 11 Uhr machen wir eine Pause an Land und essen Reste des vorigen Abendbrotes oder einige Kekse mit Honig und trinken dazu Wasser. Nach einer Stunde Ruhepause gehen wir wieder an Bord, wo wir uns jetzt mit Sonnenschirmen vor der drückenden Hitze zu schützen versuchen...»

«...Dann nimmt die Gemeinschaft wieder die Reise auf. Zwei Stunden vor Sonnenuntergang bauen wir unser Nachtlager. Wieder trinken wir etwas, und wenn wir kein Tier erjagen konnten, essen wir etwas Maisbrot. Dann machen wir uns zur Nacht bereit. Irgendjemand mäht mit der

Sichel etwas Gras für mein Lager, während Mashauana (der Anführer der Träger) mein kleines Zelt aufschlägt. Vier, fünf Fuß davor wird das Kotla, das große nächtliche Lagerfeuer, entzündet. Jeder kennt seinen Platz beim Feuer. Zwei Makalolo begeben sich rechts und links von mir zur Ruhe, während Mashauana, sobald ich mich zurückgezogen habe, sein Lager vor dem Eingang meines Zeltes aufschlägt.»

Vor dem Einschlafen pflegte Livingstone in seinem Tagebuch die Eindrücke und Ereignisse des Tages festzuhalten, Aufzeichnungen über die Pflanzenwelt, Beobachtungen von Vögeln, Blumen und sogar Fischen, die er tagsüber gefangen hatte. Vor allem jedoch beschrieb er den Lauf des Sambesi, der ihn immer aufs Neue begeisterte: «Dieser Fluß ist in der Tat großartig, häufig breiter als eine Meile und von Inseln mit reichem Pflanzenwuchs besät. Die Schönheit mancher dieser Inseln wird durch Dattelpalmen noch erhöht, mit ihren elegant gebogenen Blättern von leichtem und frischem Grün...»

Gegen Ende des Jahres 1853 hatte die Expedition die Mündung des Kabompo erreicht, und in der ersten Januarwoche des folgenden Jahres waren sie weitere sechzig Meilen den Sambesi hinauf in das Gebiet der Balobale gelangt. Als sie hier an Land gegangen waren, brach die gefürchtete Regenzeit los, deren Schauer das Gelände in Schlamm verwandelten. Nachdem sie mühsam die Gebiete der Balonda, der Barotse und der Chiboque, denen sie als Wegzoll Perlen, Stoff, Hafer, sogar Hemden und einen Ochsen entrichten mußten, durchquert hatten, erreichten sie die Grenze der portugiesischen Kolonie Angola, 400 Meilen von Luanda entfernt.

Zu jener Zeit war diese Kolonie schon fast aufgegeben; ihre Wirtschaft lag völlig darnieder. Ihre Blütezeit hatte sie mit dem schwunghaften Sklavenhandel erlebt, der größtenteils für die andere portugiesische Kolonie auf der gegenüberliegenden Seite des Atlantik betrieben wurde: mit Brasilien. Als die Engländer sogar ihre Kriegsmarine einsetzten, um den schändlichen Menschenhandel zu unterbinden, und die Sklavenschiffe bis vor die brasilianische Küste verfolgten, da bedeutete dies den Todesstoß für die Wirtschaft der Kolonie. Die wenigen Weißen, die zur Zeit Livingstones noch in Angola lebten, bemühten sich mehr schlecht als recht, Baumwolle und andere landwirtschaftliche Produkte anzubauen, um irgendwie zu überleben und die früheren hohen Gewinne aus dem Sklavenhandel ersetzen zu können.

Als Livingstone am 1. Mai 1854, von seinen treuen Makalolo auf einer Bahre getragen, Luanda erreichte, glaubte er sich dem Tod nahe. Das Malariafieber hatte ihn dermaßen geschwächt, daß er sich nicht mehr auf den Beinen halten konnte, nicht einmal für einen einzigen Schritt. Seine letzte Hoffnung bestand darin, Kontakt zu irgendeinem Engländer aufnehmen zu können. Der einzige, den er antraf, war Edmond Gabriel, der als britischer Kommissar für die Unterbindung des Sklavenhandels zu sorgen hatte. Ihm vertraute der Forscher einige Nachrichten

und Aufzeichnungen von seiner Reise an, die nach England gesandt werden sollten.

Gabriel, dem Livingstones hoffnungsloser Zustand nicht entging, sorgte dafür, daß er an Bord der Polyphemus, einem der drei englischen Kriegsschiffe, die in Luandas Hafen den Sklavenhandel blockieren sollten, untergebracht wurde.

Der Forscher wurde an Bord gebracht, gefolgt von seinen Trägern, die sich ebenfalls fast alle am Ende ihrer Kraft befanden. Der Schiffsarzt, Doktor Cokkin, betrachtete bestürzt die Teilnehmer jener unglaublichen Expedition.

«Ihr habt es gerade nochmals überstanden, Doktor Livingstone», sagte er, als er ihm den Puls fühlte.

«Ob ich die Sache überstanden habe, ist nicht sicher», seufzte Livingstone, den sein Sinn für Humor noch nicht verlassen hatte. «Aufstehen kann ich jedenfalls noch nicht so bald wieder.» Doktor Cockin fühlte ihm die Stirn. «Ich werde Euch Chinin verabreichen», sagte er, «und eine Kur mit Opiumpillen. Das Fieber hat Euch sehr geschwächt.»

«Kümmert Euch auch um meine Eingeborenen», antwortete Livingstone, während man ihn in eine Kabine trug. «Ich muß sie schließlich 1600 Kilometer weit zurückbringen ...» Der Doktor zuckte entmutigt mit den Schultern. «Vor Ablauf von zwei Monaten kann ich Euch nicht erlauben, wieder abzureisen. Oder besser noch, ich werde den Kommandanten Bedingfeld bitten, Euch nach England mitzunehmen.»

Livingstone nahm die Kraft zusammen, sich auf seiner Bahre aufzurichten. «Das untersage ich Euch förmlichst», sagte er mit matter Stimme. «Mein Platz ist hier. Vor mir liegt die Verwirklichung eines weiteren großen Plans.» «Nun gut», lächelte der Doktor. «Laßt uns morgen weiter darüber reden.»

Bald zeigten die ersten Gaben von Chinin bei Livingstone ihre gute Wirkung. Schon konnte er wieder sitzen, und das Fieber war fast verschwunden.

Es klopfte an der Tür seiner Kabine. Doktor Cockin trat ein. «Wie fühlt Ihr Euch heute?» erkundigte er sich und nahm einen Stuhl. «Sehr viel besser, danke», antwortete Livingstone und ließ das Tagebuch sinken, in dem er gerade geschrieben hatte. «Der Kommandant sendet Euch seine Grüße. Er würde sich freuen, Euch nach England mitzunehmen.»

«Richtet ihm meinen Dank aus», entgegnete Livingstone, «aber ich fürchte, seinem Wunsch nicht nachkommen zu können.»

Es gab eine lange Pause. Dann, indem er sich auf seiner Bahre aufzurichten schien, winkte Livingstone den Doktor zu sich heran. «Ich darf nicht sterben», sagte er mit schwacher Stimme. «Ich glaube fest an Gottes Wunsch, daß ich das Christentum in Afrika verbreite. Ich muß also einen Weg finden, auf dem es vordringen kann.» Der Arzt hörte ihm aufmerksam zu, ohne ihn zu unterbrechen.

«Die Reise von Linyanti nach Luanda ist hart gewesen, aber wahrscheinlich nur, weil wir die falsche Jahreszeit gewählt haben. Jetzt möchte ich denselben Weg in entgegengesetzter Richtung bereisen, und zwar bis zur Küste des Indischen Ozeans. Auf halber Strecke treffen wir auf den Sambesi, der dann in dieselbe Richtung fließt, was die Sache erleichtert. Von dieser Hauptstraße aus werden wir Handel einrichten können, werden wir das Evangelium und die Zivilisation verbreiten. Der Sklavenhandel wird völlig verschwinden ... Meine Makalolo werden mir dabei helfen. Ihr Häuptling Sekeletu wird mir noch mehr Männer geben ...»

Der Doktor fühlte ihm die Stirn. Das Fieber war wieder gestiegen. Er feuchtete ein Stück Stoff in einem Becken an und legte es ihm auf die Stirn. Dann zog er ihm die Decken zurecht, verließ das Zimmer und schloß leise die Tür hinter sich.

Vier Monate darauf, am 20. September 1855, war Livingstone wieder unterwegs, nach Linyanti, wo er am 13. September des folgenden Jahres ankam. Die Reise hin und zurück hatte fast zwei Jahre gedauert.

Am 3. November 1855 reiste Livingstone mit 114 Trägern, die von Sekeletu in eigener Person befehligt wurden, in Richtung Ostküste ab, die den Sambesi hinab 1800 Kilometer entfernt lag.

Zwei Wochen darauf stand er endlich vor dem «Donnernden Rauch», jenen ungeheuren Wasserfällen, über die er schon Jahre zuvor auf früheren Reisen die Eingeborenen hatte berichten hören: die Viktoriafälle.

Der Tag der Entdeckung, der 17. November, so beschrieb er es in seinem Tagebuch, wurde von einem dumpf grollenden Tosen begleitet, das aus östlicher

Ehrenstuhl, Zaire

Richtung kam und immer bedrohlicher anschwoll, je weiter die Expedition sich näherte. Gegen Mittag wurde der «Donner» fast unerträglich laut. Über Täler und Wälder konnte man einen weißen Dampfschleier sich zum Himmel erheben sehen. Mit erhöhter Geschwindigkeit eilte die Expedition in die Nähe der Fälle, und es wollte Livingstone fast den Atem verschlagen, als er plötzlich vor dem Schauspiel stand, das bis heute als eine der größten Naturschönheiten der Welt gilt.

«Die Fälle haben eine einzigartige Form», schrieb der Forscher. «Die Wassermassen des Sambesi stürzen in einen Abgrund, der sich im Flußbett öffnet, und der ungefähr zwei Kilometer breit und hundert Meter hoch ist. Unten verwandelt sich das Wasser in eine weiß brodelnde Masse ... Ich ließ mich von Sekeletu zu einer Insel bringen, die den Fällen direkt gegenüberliegt und von wo aus ich das Schauspiel, das schönste, das sich mir in

Afrika je geboten hat, ungehindert genießen konnte. Ich gab diesen Fällen den Namen unserer Königin Viktoria und schnitt, nachdem ich auf der Insel ungefähr hundert Pfirsich- und Aprikosenkerne und etliche Kaffeebohnen gepflanzt hatte, in einen Baumstamm meine Initialen und darunter die Zahl 1855 ein.»

Nachdem er dann die Batoka-Hochebene überquert hatte, auf der er eine Missionsstation zu eröffnen gedachte, folgte Livingstone wieder dem Sambesi bis zur Ostküste. Am 25. Mai 1856 erreichte er, wiederum zu Tode erschöpft und von den Makalolo getragen, Quelimane an der Ostküste von Moçambique.

Dort erwartete schon seit längerem ein englisches Kriegsschiff, die «Frolic», Nachrichten von ihm. Aus den Depeschen, die er von Luanda gesandt hatte, wußte man, daß er früher oder später den Sambesi herab nach Moçambique gelangen würde. Nun war er berühmt geworden, und ganz England verfolgte mit Spannung seine Taten. Die Geographic Society hatte ihm einen Geldpreis zuerkannt, um ihn für die Entdeckung des Ngamisees zu belohnen.

«Ich habe Order, Euch nach England zu bringen», sagte der Kommandant des Schiffs ohne viel Umschweife, nachdem Livingstone auf seiner Bahre an Bord getragen worden war. «Unser Land möchte einem hervorragenden Erforscher Afrikas seine Aufwartung machen.»

Livingstone war nicht nur verlegen und fieberkrank, sondern auch verwirrt. Dieses Mal aber widersetzte er sich nicht. Er nahm sein Schicksal an. Vielleicht würde er in London ja neue Unterstützung und Mittel erhalten, mit deren Hilfe er die Erforschung «seines» schwarzen Kontinents würde vollenden können.

Die Matrosen betrachteten ihn voll Bewunderung. Er war 43 Jahre alt, sein Gesicht von den Entbehrungen abgezehrt, von der Sonne verbrannt, der lange Körper mager und ausgetrocknet – aber in den Augen leuchtete eine faszinierende Willenskraft.

«Behandelt mir ja meinen Freund Sekwebu gut», sagte er und deutete auf den Eingeborenen, den er ausgewählt hatte, mit ihm nach England zu reisen. «Er hat noch nie im Leben das Meer gesehen.»

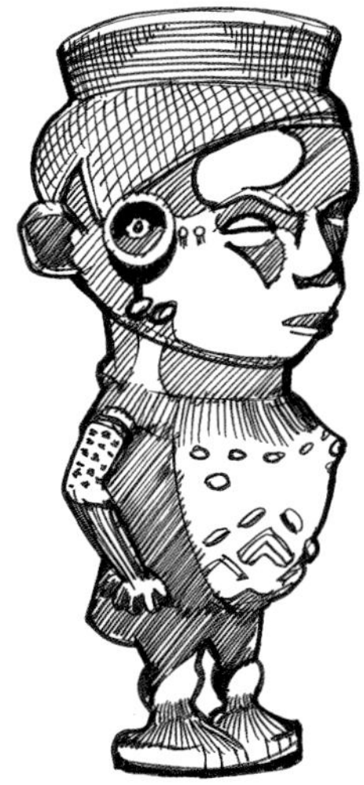

Weinpokal, Zaire

Die Makalolo

Die Makalolo genannten afrikanischen Eingeborenen gehörten zum südafrikanischen Stamm der Sotho. Zu Beginn des neunzehnten Jahrhunderts wurden sie nach einer Schlacht in der Nähe von Kuruman von den Griqua zunächst nach Osten ins Bechuanaland, dann nach Norden in die Nähe des Linyanti verjagt (ihr Hauptdorf nannten sie wie den Fluß Linyanti). In den folgenden Jahren hatten sie ihr Gebiet in das Barotsetal und auf die Batoka-Hochebene am Sambesi ausgedehnt.

Die Matabele jedoch, ein Zulustamm, der von den Buren nach Norden verdrängt wurde, fielen in das Gebiet der Makalolo ein und unternahmen häufige Raubzüge in ihre Dörfer. Daraufhin zogen sich die Makalolo in das Gebiet zwischen dem Linyanti und dem Sambesi zurück, wo sie sich in Sicherheit wähnten. Diese Gegend war jedoch sumpfig und fieberverseucht. Um wieder in ihr Gebiet im Süden zu gelangen, verlegten sich die Makalolo, weniger zahlreich und weniger kriegserprobt als die Matabele, auf die Diplomatie. Sie wußten, daß ein Missionar, Pater Robert Moffat, ein einflußreicher Freund von Mosilikatse war, dem Häuptling der Matabele, und sie beschlossen, ihn zu Rate zu ziehen, um eine friedliche Lösung des Streits um ihre früheren Gebiete herbeizuführen.

Als sie erfuhren, daß Livingstones Ehefrau die Tochter von Moffat war, taten sie alles, damit sie mit ihrem Mann bei ihnen eine Missionsstation eröffnen würde. Diese Hoffnung war es, die sie dazu bewog, Livingstone auf seinen Reisen so unermüdlich zu helfen und ihm alles, was er benötigte, zur Verfügung zu stellen, vor allem die treuen Träger, die ihn auch auf seiner legendären Reise von einer Küste zur anderen begleiteten.

Zauberer aus dem Makololo Stamm

Als Livingstone am 3. November 1855 von Linyanti aus zur Ostküste aufbrach, drohten die Makalolo von einer Malariaepidemie ausgelöscht zu werden. Als ihr Häuptling Sekeletu 1863 starb, nutzten die Barotse, die bislang ihre Untertanen waren, die Gelegenheit für einen Aufstand, bei dem sie ihre früheren Herrscher vernichteten.

Robert Moffat

Die Viktoriafälle

Bei den Eingeborenen trugen die Viktoriafälle den Namen «Mosioatunya», das bedeutet «Donnernder Rauch». Am 17. November 1855 taufte Livingstone sie zu Ehren der englischen Königin um.

Bevor es die 120 Meter hohen Fälle hinunterstürzt, fließt das Wasser an einigen bewaldeten Inseln vorbei, die den Strom in vier Fälle teilen, deren jeder einen eigenen Namen trägt: der Teufelsfall, der Hauptfall, der Regenbogenfall und der Ostfall.

Der tosende Lärm der Fälle ist aus einer Entfernung von mehreren Dutzend Kilometern hörbar, und von ihrem Grund erhebt sich eine enorme Dampfwolke zum Himmel. Vor den Fällen ist der Fluß fast zwei Kilometer breit. Hinter ihnen zwängt er sich durch einen schmalen Canyon, Teufelsschlucht genannt, der auf den nächsten 70 Kilometern einem Zickzackkurs folgt.

Man hat errechnet, daß die Gewalt der Viktoriafälle eine Stärke von 30 Millionen PS erreicht – das ist eine ungeheure Menge, wenn man bedenkt, daß die Niagarafälle es gerade auf 7 Millionen PS bringen!

Am 19. November 1856 wurde Livingstone in London wie ein Nationalheld empfangen. Die Royal Geographic Society verlieh ihm für seine Entdeckungen eine Goldmedaille, ein Dutzend Städte bot ihm die Ehrenbürgerschaft an, und die Universität Oxford ernannte ihn zum Doktor honoris causa. Seine «Reise von Küste zu Küste» genoß schon legendären Ruf und schien den meisten Engländern einen neuen Abschnitt in der Menschheitsgeschichte zu eröffnen. Es gab wohl keinen Untertanen der Queen Victoria, der nicht den Wunsch verspürt hätte, diesen Mann, dessen Name in aller Munde war, zu sehen. Braungebrannten Gesichts unter seiner Schirmmütze, hochgewachsen und energisch in der Erscheinung, drohte Livingstone jedesmal von der Menge erdrückt zu werden, wenn er sich auf die Londoner Straßen wagte.

Man muß wissen, daß ein Großteil seines Rufes den Fehlinformationen seiner Landsleute zu verdanken war, die meinten, Zentral-Südafrika sei eine Art Niemandsland. So mußte ihnen Livingstone als der Entdecker einer neuen Welt erscheinen, deren Erschließung ungeahnte Möglichkeiten bot.

Zudem wurde er in den Zeitungen als «Prediger des Evangeliums» dargestellt, der sich zu den heidnischen Stämmen eines geheimnisvollen und unbekannten Kontinents wagte, nicht etwa aus Eigeninteresse oder Eroberungslust, sondern einzig aus umfassender Menschenliebe.

Diesen Ruf wußte Livingstone geschickt zu nutzen und schrieb ein Erinnerungsbuch mit dem Titel «Missionary Travels and Researchs in South Africa» (Missionsreisen und Forschungen in Südafrika), von dem unmittelbar nach

Erscheinen 70.000 Exemplare verkauft wurden – für jene Zeit eine riesige Auflage.

Am 15. Dezember desselben Jahres lud Sir Roderick Murchison, Präsident der Royal Geographic Society, zu einem offiziellen Empfang in Savile Row ein, dem ein anderer bei der Missionsgesellschaft folgte. Diese beiden gesellschaftlichen Ereignisse bildeten den Auftakt zu einer Reihe von Vorträgen, bei denen Livingstone in ganz England mit enormem Erfolg auftrat.

Am Morgen des 7. Januar hielt eine Kutsche vor dem Gebäude des englischen Außenministeriums. An jenem Tag schaute erstmals seit langem eine bleiche Sonne durch den Nebel und milderte die winterliche Kälte. Die Straßen waren von Schnee überweht.

Aus der Kutsche stieg Livingstone und eilte die Treppe zum Gebäude hinauf. «Zum Außensekretär, Lord Claredon, bitte», sagte er zum Portier am Eingang zum Ministerium. Dieser betrachtete ihn einen Augenblick. «Seid Ihr Doktor Livingstone?» «Ja, ich bin angemeldet.» «Erlaubt, daß ich Euch die Hand reiche», der Portier zog die Mütze, «heute ist für mich ein großer Tag. Wenn das meine Freunde hören ... Folgt mir, Doktor, bitte.»

Sie durchquerten mehrere Säle und hielten dann vor einer Tür. Der Portier klopfte vorsichtig an, öffnete und steckte den Kopf hinein, um ihn sogleich mit einem Lächeln wieder hinauszuziehen. «Ihre Lordschaft der Sekretär erwartet Euch» – der Portier machte den Weg frei. «Bitte, tretet ein, Doktor. Zu Euren Diensten!»

Livingstone nickte dankend, nahm die Schirmmütze ab, die seit seiner Rückkehr aus Afrika sein Markenzeichen geworden war, strich die Haare glatt und zog die Jacke zurecht. Dann trat er ein.

«Seid willkommen, Doktor Livingstone.» Lord Claredon ging ihm entgegen. «Ich habe Euch schon erwartet. Leider habe ich nur wenig Zeit, aber wir werden auch nur einige Minuten brauchen.»

«Ich habe Eure Einladung erhalten.» Livingstone war ganz verlegen angesichts der Freundlichkeit des Lords. «Ihr wollt mir doch nicht noch weitere Ehrungen ankündigen?»

Lord Claredon lachte und wies auf einen Sessel. «Nein, nein ... Aber nehmt Platz, ich bitte Euch. Ich habe Euch eine wichtige Mission vorzuschlagen.» Livingstone, der kaum saß, sprang beinahe wieder auf. Genau, was er insgeheim erwartet hatte! Die englische Regierung wollte ihn offiziell nach Afrika entsenden! Sein Ruf war also zu etwas nutze gewesen!

«Die englische Regierung», Lord Claredon nahm an seinem Schreibtisch Platz, «hat Eure Vorschläge für die Einrichtung einer Wasserstraße in Zentralafrika wohlwollend geprüft. Darüber müssen wir einmal miteinander reden. Heute will ich Euch nur mitteilen, daß wir die Absicht hegen, Euch als offiziellen Abgesandten nach Afrika zu schicken.»

Livingstone spürte mehr und mehr Verlegenheit. In Dutzenden von Vorträgen in London, Manchester, Dublin und anderswo hatte er seine These von der Schiffbarkeit der afrikanischen Flüsse belegt, und nun wollten ihm nicht die rechten Worte einfallen, um den Inhalt dieser These darzustellen. Er knetete seine Mütze in den Händen.

«Ich halte den Sambesi für den schiffbarsten all dieser Flüsse», sagte er. «Und von einer eventuellen Expedition habe ich schon sehr genaue Vorstellungen.»

«Das ziehe ich nicht in Zweifel», antwortete Lord Claredon und machte sich einige Notizen. Aber das war überflüssig. Livingstone suchte in einer Tasche und legte ihm ein Papier vor. «Hier steht alles», erläuterte er. «Weg, Zeitplan, Ausrüstung und Anzahl der nötigen Leute.» Lord Claredon nahm das Blatt und las es aufmerksam durch.

«Hervorragend!» rief er anerkennend. «Sieben Europäer, zehn Eingeborene, ein Dampfschiff, ein Boot, eine Zeltausrüstung, Zeit: zwei Jahre. Der Plan scheint mir sehr durchdacht. Ich werde die Sache prüfen.» «Ich kann Expeditionen mit zu vielen Leuten nicht leiden», kommentierte Livingstone. «Besser, man ist nur zu einigen wenigen und vertraut auf Gott.» «Hoffentlich gelingt es Euch, an den Stromschnellen von Cabora Bassa vorbeizukommen», gab Lord Claredon zu bedenken. «Nach dem, was wir vom portugiesischen Minister in Moçambique gehört haben, scheinen sie unüberwindlich.» «Alles Märchen», entgegnete Livingstone. «Im Notfall müssen wir eben das Boot auseinandernehmen und die Stromschnellen ungehen. Ansonsten bin ich sicher, daß der Sambesi bis zu den Viktoriafällen schiffbar ist.»

«Ich wünsche es Euch von ganzem Herzen», sagte Lord Claredon. «Auch um des guten Rufes Englands willen.» «Gewiß kann ich kein Wunder vollbringen», lenkte Livingstone ein, um nicht gar zu viele Hoffnungen zu erwecken. «Ihr seid ein Nationalheld, dem die Menschen Wunder zutrauen», antwortete der Lord, der vom Schreibtisch aufgestanden war und ihm nähertrat. «Und um einer zu bleiben, müßt Ihr Wunder vollbringen.»

Livingstone, der dies hatte verhindern wollen, fühlte sich überrumpelt und auf verlorenem Posten. Vielleicht war das alles zu viel und zu hoch gegriffen. Ihm war es lieber, unbehelligt zu forschen und seine Unternehmungen zu Ende zu bringen. Lord Claredon erriet seine Gefühle. «Wir haben Euch zum Konsul ernannt», sagte er, «und das Unterhaus hat 5.000 Pfund Sterling für die Expedition bewilligt.» «Ich danke Euch ergebenst», Livingstone stand auf und drehte seine Mütze in den Händen. «Und richtet auch dem Premierminister, Lord Palmerton, meinen Dank aus. Ich werde sehr viel Glück brauchen.»

«Wann wollt Ihr aufbrechen?» erkundigte sich der Lord und begleitete ihn zur Tür. «In wenigen Monaten.» «In den nächsten Tagen werde ich den Kommandanten des Schiffs ernennen. Ich möchte auch einen Botaniker und einen Biologen anheuern, die in dem Gebiet landwirtschaftliche und geologische Untersuchungen anstellen sollen. Die Namen werden wir Euch mitteilen.»

Livingstone willigte mit einem Nikken ein. Die Sache wollte ihm nicht so recht gefallen. Seine Expeditionen hatten immer ganz anders begonnen: eine Gruppe von Makalolo, ein Zelt, soviel Proviant, wie man gerade tragen konnte, und los ging's, wenn er das Zeichen zum Aufbruch gab. Nun aber reiste er als Nationalheld und britischer Konsul in Afrika, von der Regierung ihrer Majestät mit 5.000 Pfund Sterling finanziert. «Gott schütze mich», murmelte er, noch in der Tür. Lord Claredon schlug ihm freundlich mit der Hand auf die Schulter.

Die «Expedition Sambesi» brach am 10. März 1858 mit dem Dampfer «Pearl» in Liverpool auf. Mit dabei waren Livingstones Frau und der Kleinste, der sechsjährige Oswell. Die Mannschaft bestand aus dem Kommandanten Norman Bedingfeld von der britischen Marine, dem 25jährigen Doktor John Kirk, dem gerade 20jährigen Geologen Richard Thornton, dem Maler Thomas Baines, der Mitglied der Royal Geographic Society war, dem Ingenieur George Rae und Livingstones jüngerem Bruder Charles.

Nachdem sie in Kapstadt Station gemacht hatte, nahm die «Pearl» am 1. Mai Kurs auf die Mündung des Sambesi. Mary Livingstone und der kleine Oswell gingen in Kapstadt an Land, um in der Mission von Robert Moffat unterzukommen. Mary war mit einem weiteren Kind schwanger.

Der Plan, mit der «Pearl» stromaufwärts bis nach Tete zu fahren, scheiterte fast augenblicklich an dem niedrigen Wasserstand des Sambesi. Also mußte man das mitgeführte Schiff, den Raddampfer «Ma-Robert» einsetzen, das von nun an, mit Männern und Material bis zum Rand beladen, bei Temperaturen um 38 Grad Celsius den Fluß hochreisen sollte.

Zwei Monate hielt die Mannschaft auf dem Fluß aus, dann machten Untiefen, Sandbänke, Mücken, Zecken und tropische Geschwüre ihnen das Leben zur Hölle. Livingstone war es von früher gewöhnt, mit Eingeborenen zu reisen und das unumstrittene Oberhaupt zu sein. Die Reise mit anderen Europäern war für ihn ein Desaster. Es wurde unerträglich. Auf dem Boot gab es fortwährend Zank und Streit. Zudem hatte sich die «Ma-Robert» bald als ein ungeeignetes Gefährt erwiesen. Der Dampfkessel verbrannte tonnenweise Holz pro Tag und funktionierte eher schlecht als recht, so daß Livingstone ihn in seinem Tagebuch als «mißlungene Atrappe eines Bootes» bezeichnete, «mit einer Maschine, die eher zum Kaffeemahlen» zu gebrauchen sei. Man muß dem Boot jedoch zugutehalten, daß es eine Überlast von 10 Tonnen transportierte und in Gegenrichtung einen Strom befuhr, der wenig Wasser führte, dafür stellenweise aber umso reißender war.

Das Ergebnis war, daß die Expedition nach drei Monaten nicht weiter als bis nach Tete gekommen war, also nur 300 Kilometer von der Mündung des Sambesi. Hier traf Livingstone die Makalolo wieder, die ihn seit 1856 erwarteten und schon ein Jahr länger als vorgesehen ausgeharrt hatten.

Nun kamen Hindernisse im Sambesi: eine Stromschnelle mit einem Höhenunterschied von zweieinhalb Metern und gleich darauf zwei weitere, noch schlimmere. Livingstone gab sich jedoch nicht geschlagen. Er sagte voraus, während der Regenzeit würde sich der Fluß erheblich verbreitern, was zu einer verminderten Strömungsgeschwindigkeit führen würde. Ein Gefährt, das etwas kräftiger wäre als die «Ma-Robert», hätte dann gute Chancen. Noch dazu wurde ihm jetzt von Stromschnellen berichtet, die noch kein Eingeborener überwunden hatte: die schon erwähnten Stromschnellen von Cabora Bassa. Der unermüdliche Livingstone organisierte eine Expedition mit seinen Makalolo am Ufer des Flusses entlang. Vier Tage lang wanderten sie zwischen Geröll und Felsen bei Temperaturen von 53 Grad. Am 2. Dezember sollte Livingstone und Kirk der Beweis für ihr endgültiges Scheitern geliefert werden: von der Spitze eines kleinen Hügels aus erblickten sie einen Fall, an dem das Wasser des Stroms sich tosend eine zehn Meter hohe Stufe hinabstürzte. Besiegt, aber noch nicht entmutigt, kehrte der Forscher also nach Tete zurück, reiste von dort aus den Sambesi hinab, um den Fluß Shire hinaufzureisen, der ungefähr 160 Kilometer von der Ostküste entfernt von Norden her in den Sambesi mündete. Er hatte gehört, die Quelle dieses Flusses befinde sich in der Nähe eines großen Sees. Diesen wollte er nun entdecken. Eine solche Entdeckung würde ihn für das Scheitern der «Expedition Sambesi» entschädigen.

Die Weiterreise begann am 20. September 1858, wieder an Bord der «Ma-Robert». Zunächst reiste man ungefähr 300 Kilometer den Sambesi hinab, um am 1. Januar des folgenden Jahres den Shire flußaufwärts zu bereisen, der sich bald als ein sowohl breites als auch tiefes Gewässer herausstellte. Während der ersten Woche legten sie 180 Kilometer zurück. Die erste Stromschnelle, die «Murchison-Schnelle» getauft wurde, erreichte man am 9. Januar. An dieser Stelle änderte sich das Ziel der Flußreise auf dem Shire. Beeindruckt von der artenreichen Pflanzenwelt und der Fruchtbarkeit des Gebietes, das er durchquerte, faßte Livingstone den Plan, hier nicht nur eine Missionsstation, sondern geradezu eine neue englische Kolonie zu gründen. Er nannte das Gebiet «Shire Highlands».

Am 8. April erreichte die kleine Expedition den Chilwasee, der den Teilnehmern gleich von bedeutender Größe schien. In der Tat ist er 112 Kilometer lang und 48 breit; er liegt etwas abseits östlich vom Lauf des Shire. Die Eingeborenen jedoch sprachen von einem noch größeren See, der ein Stück flußaufwärts liege. Drei

Wochen darauf befand sich Livingstone am Ufer des Njassasees (heute Malawisee), der sich später als der zweitgrößte See Afrikas herausstellen sollte.

In Shupanga, nahe der Sambesimündung, starb Livingstones Frau. Darauf schiffte sich Livingstone müde und entmutigt am 24. Juni 1864 nach England ein. Er wußte nicht, daß die englischen Zeitungen die Nachricht vom Scheitern seiner Sambesi-Expedition schon verbreitet hatten. «Uns war Baumwolle versprochen worden, Zucker, Indigo, Handel, Bekehrte. Wir haben nichts davon bekommen. Die tausende Pfund, die die Universität beantragt und die Regierung bewilligt hat, haben zu nichts als sinnlosen Ergebnissen geführt.» So hatte es schon am 20. Januar 1863 in der Times gestanden.

Mitte Juli 1864 ging Livingstone in London an Land. Und diesmal gab es weder Bankette noch offizielle Empfänge. Niemand kam mehr auf die Idee, ihn auf der Straße anzuhalten oder gar als Nationalheld zu feiern.

Im Monat darauf befand er sich im Haus seiner Eltern im schottischen Hamilton, wo er zum ersten Mal seit sieben Jahren seine Kinder wiedersah. Die zuletztgeborene Anna Mary hatte er überhaupt noch nie gesehen. Die andere Tochter, Agnes, war jetzt 18 Jahre alt. Robert, der älteste und gleichzeitig rebellischste, hatte sich in den nordamerikanischen Truppen verdingt und kämpfte im Sezessionskrieg auf ihrer Seite. Thomas war im Internat des Colleges, der kleine Oswell in Afrika beim Vater seiner Mutter geblieben.

Eines Morgens betrat Agnes das Arbeitszimmer ihres Vaters. Livingstone, der gerade den Bericht über die Expedition Sambesi verfaßte, ließ sich nicht stören und hob nicht einmal den Kopf. Es war ein schöner, sonniger Morgen mit warmer Luft.

«Ein Brief für dich», sagte die Tochter und trat förmlich auf Zehenspitzen näher. Livingstone schaute auf, lächelte und nahm den Brief entgegen, der aus Bath kam und den Absender der Britischen Gesellschaft trug. Er öffnete ihn mit einem Papiermesser und überflog ihn eilig.

Agnes war auf den Inhalt neugierig. Sie fürchtete, ihr Vater müsse erneut fortreisen. «Wieder eine Reise?» fragte sie mit leiser Stimme. Livingstone lächelte: «Nein, meine Liebe. Eine Versammlung... eine Versammlung in Bath, bei der ich nicht fehlen darf.» Agnes atmete auf. «Soll ich deinen Koffer packen?» fragte sie auf ihrem Weg zur Tür. «Die Versammlung wird nur sehr kurz dauern», erklärte Livingstone etwas bissig. «Burton und Speke wollen ihre These von der Lage der Nilquellen vorstellen. Aber sie haben keine Ahnung...» «Und du glaubst, bei der Sache nützlich sein zu können?» fragte die Tochter in der Tür.

«Die Nilquellen müssen erst noch entdeckt werden. Burton und Speke haben auf ihrer Reise, die immerhin vom Außenministerium finanziert wurde, nichts herausgefunden als sinnloses Zeug. Die Diskussion wird am 16. September stattfinden. Wir müssen uns also noch nicht so schnell wieder trennen.»

Am Vorabend des Tages, an dem die Debatte stattfinden sollte, entstieg Livingstone vor dem Haus von Sir Roderick Murchison, dem Präsidenten der Royal Geographic Society, einer Kutsche. Er wurde schon erwartet. Murchison kam ihm am Eingang entgegen und führte ihn ohne große Umstände in sein Arbeitszimmer. «Die Debatte wird nicht stattfinden», informierte er ihn erregt. «Es ist ein schweres Unglück geschehen ...»

Livingstone erbleichte. Die Mütze in der Hand, wagte er nichts zu fragen. «John Speke», fuhr Murchison fort, «ist vor einigen Stunden bei einem Jagdunfall umgekommen. Eine furchtbare Sache ...» «Oh! Das tut mir unermeßlich leid.» Livingstone sank auf einen Sessel. «Er war ein fähiger Forscher, und ich hätte so gern mit ihm über jene geheimnisvollen Quellen diskutiert ... Welch ein Verlust!»

Einige Minuten lang schwiegen sie. Dann schnitt Murchison eine Zigarre an. «Ihr versteht, daß wir vor diesem Hintergrund die Debatte aussetzen mußten.» «Natürlich. Ein trauriger Tag ...» Wieder schwiegen die beiden Männer. Von draußen drangen die Geräusche der Passanten und vorbeifahrender Kutschen in den Raum. «Doch das Leben muß weitergehen!» versetzte plötzlich Murchison und steckte sich die Zigarre an. «Und wir, also die Geographische Gesellschaft, haben uns um das Rätsel der Nilquellen zu kümmern.» Livingstone schaute ihn wortlos an. «Die Mitglieder der Royal Society haben an Euch gedacht.»

Der Forscher wand wieder seine Mütze in den Händen und senkte bescheiden den Kopf. «Auf meinen Reisen habe ich lange über diese Quellen nachgedacht», sagte er, ohne den Blick vom Fußboden zu heben. Es schien, als versuche er, eine geheimnisvolle Landkarte zu enträtseln. «Meiner Meinung nach liegen sie südwestlich des Tanganyikasees, von dem aus eine Verbindung zum Südende des Albertsees bestehen muß, aus dem nordwärts wieder ein Fluß abfließt und den Nil bildet.» «Ich hoffe, Ihr habt recht», sagte Murchison sichtlich zufrieden. «Übrigens auch, weil ich diese Eure Theorie für sehr viel wahrscheinlicher halte als die von Speke. Ein Strom, der über viertausend Meilen lang ist, muß absolut außergewöhnliche Quellen haben.»

Livingstone verzog keine Miene. Dies war ein Geheimnis, das er zu gerne gelöst hätte, doch sein kürzlicher Mißerfolg hatte ihm viel von seiner Energie genommen. Nunmehr war er vorsichtiger und sich dafür «seines» Afrika sehr viel weniger sicher.

«Die Geographic Society stellt Euch 500 Pfund Sterling zur Verfügung», riß ihn Murchison aus seinen Gedanken. Livingstone blickte lächelnd auf. «Für eine solche Expedition wären 1500 noch zu wenig ...» «Ich weiß, ich weiß», gab Murchison zu, «aber wir zählen auf das Außenministerium, auf öffentliche Mittel. Wir werden dafür sorgen, daß Euer Konsultitel verlängert wird.»

«Darum geht es mir gar nicht», entgegnete Livingstone etwas bitter. «Sollte ich nach Afrika zurückkehren, dann aus einem ganz anderen Beweggrund. Burton und Speke haben geschrieben und öffentlich behauptet, die Afrikaner seien weder durch Fortschritt noch durch das Christentum zu ändern. Sollte es mir gelingen, die Nilquellen zu entdecken, dann könnte ich beweisen, daß meine Kollegen sich nicht nur in deren Lage, sondern auch in ihrer Ansicht über die Möglichkeit für gesellschaftliche Veränderungen in Afrika getäuscht haben.» Livingstone erhob sich und deutete auf eine Karte, die an der Wand hing und ein immer noch fast gänzlich unerforschtes Afrika zeigte. «Dort, wo ich die Nilquellen vermute, werden seit einiger Zeit wieder Sklaven gehandelt.»

Sir Murchison blickte ihn ungläubig an. «Ich dachte, die Sklaverei sei abgeschafft.» «An der Westküste vielleicht.» Livingstone wies auf eine andere Stelle der Karte. «Aber nicht an der Ostküste, in Moçambique oder Sansibar.» Murchison schaute ihn mit neu erwachter Neugier an. «Was habt Ihr vor?» «Ich werde meine neue Mission dazu nutzen, diese wieder aufgelebten schmutzigen Geschäfte zu untersuchen und darüber zu berichten.»

Murchison reichte ihm die Hand: «Ihr seid wirklich unbezähmbar», sagte er. «Die Menschheit wird es Euch danken.»

Am 13. August, fast ein Jahr später, schiffte sich Livingstone in England ein. Er spürte dieselbe freudige Aufregung wie 25 Jahre zuvor. Nun war er 52 Jahre alt. Als das Schiff sich von der Küste entfernte, konnte er nicht wissen, daß er sein Vaterland nie wiedersehen würde.

Religiöse Statue der Bakota, Zaire

Die Shire Highlands

Die fruchtbare Gegend, die Livingstone auf seiner Reise den Shire hinauf entdeckte, und wo er einige Missionsstationen und gar eine neue englische Kolonie gründen wollte, gehört heute zum Staatsgebiet von Malawi, einem unabhängigen Staat von ungefähr 5 Millionen Einwohnern.

Unter dem Namen Njassaland spielte die Gegend ab 1859 tatsächlich eine Rolle in der Geschichte der englischen Kolonisierung. Im Jahre 1880 ernannte die englische Regierung einen offiziellen Vertreter, der die Handelsbeziehungen schützen und das weitere Vordringen von Sklavenhändlern unterbinden sollte. 1891 wurde die Gegend zum britischen Protektorat erklärt.

Nach dem Zweiten Weltkrieg wurde das Njassaland 1953 im Zuge der afrikanischen Unabhängigkeitsbestrebungen mit Nord- und Südrhodesien zum Zentralafrikanischen Bund zusammengezogen. Diese Lösung stieß jedoch bei vielen afrikanischen Politikern nicht auf Gegenliebe, und so entstanden die Republiken Malawi (vormals Njassaland) und Sambia (vormals Nordrhodesien).

Erst 1964 wurde Malawi aus dem Commonwealth in die vollständige Unabhängigkeit entlassen.

Manganja Stamm am Fluss Shire

Der Sambesi

Der Sambesi bildet heute die Grenze zwischen Sambia und Rhodesien. Er entspringt in einer sumpfigen Schlucht im äußersten nordwestlichen Winkel Sambias aus dem Bach Liba in den Kalene Hills, im Dreiländereck von Zaire, Angola und Sambia.

Nachdem er in Südrichtung erst ein Stück weit Angola, dann wieder Sambia durchquert, bildet er auf 1859 Kilometern die Grenze zwischen Sambia und Rhodesien. Danach fließt er durch Moçambique, um schließlich, nach einer Gesamtlänge von 2560 Kilometern, in einem breiten Delta in den Indischen Ozean zu münden.

An seinem Oberlauf in Angola besteht der junge Sambesi in seinem engen Bett hauptsächlich aus einer Folge von Stromschnellen, bis er dann das Wasser des Luapama aufnimmt. Dazu kommen im weiteren Verlauf rechte (Lungwebungu und Luanginga) und linke Nebenflüsse (Kabompo und Luena). Auf seinem Weg durch Barotse bildet der Sambesi wieder eine Reihe von Stromschnellen und die Fälle von Gonia und Katima Mulilo.

Durch den Zufluß des Linyanti verbreitert sich der Strom auf einen Kilometer. Er fließt nun zwischen den Gebieten der Batoka und der Madenassa hindurch, wonach er unvermittelt die spektakulären Viktoriafälle, weiter flußabwärts die Masuvefälle hinunterstürzt. Er durchquert die enge Teufelsschlucht und mündet – dies allerdings erst seit modernen Zeiten – dann in den Kariba-Stausee. Auch die früher so gefürchteten Stromschnellen von Cabora Bassa, die Livingstone auf seiner Reise aufgehalten hatten, sind heute nicht mehr vorhanden: an ihrer Stelle befindet sich der Cabora-Bassa-Stausee. Vor diesem nimmt der Sambesi das Wasser des Kafue, ein gutes Stück hinter ihm das des Shire auf.

An Tete vorbei gelangt der Strom nun in die Ebene von Moçambique und ergießt sich schließlich in den Indischen Ozean.

Die «Expedition Sambesi»

Livingstones «Expedition Sambesi» nahm am 1. Mai 1858 von Kapstadt aus in Richtung Mündung des Sambesi ihren Ausgang. Nachdem sie ursprünglich mit einem seetüchtigen Dampfer gereist waren, mußten Livingstone und seine Mannschaft wegen des niedrigen Wasserstandes des Sambesi für die Reise auf dem Strom auf den randvoll beladenen Raddampfer «Ma-Robert» wechseln.

Nach sechs Monaten erreichte die Expedition Tete. Nachdem sie mit Mühe etliche Stromschnellen überwunden hatten, mußten die Reisenden vor den unüberwindlichen Stromschnellen von Cabora Bassa aufgeben.

Livingstone kehrte also nach Tete zurück, fuhr den Sambesi noch weiter hinab und wandte sich den Shire stromaufwärts, wo er am 9. Januar die Murchison-Stromschnellen erreichte. Am 8. April gelangte er zum Chilwasee, und drei Wochen darauf erblickte er als erster Weißer den Njassasee.

Bevor er sich am 24. Juni 1864 wieder nach England einschiffte, versuchte Livingstone noch – wenn auch vergeblich – den Rovuma hinaufzureisen.

Der Nil

Der Kagera, welcher als Ursprungsarm des Nils gilt, entspringt in den Bergen von Ruanda und mündet auf der Höhe von 1134 Metern über Meer in den riesigen Viktoriasee. Aus ihm fließt auf der Höhe des Äquators der Viktoria-Nil ab, der noch die Wasser des Albert- und des Edwardsees aufnimmt. Unter dem Namen «Bahr el Djebel» (Fluß der Berge) beginnt er seinen geruhsamen Lauf durch morastige Gegenden und Sumpfwälder.

Auf einer Höhe von 400 Metern nimmt er das Wasser des Sobat (Äthiopien) und des Bahr el Ghazal (Gazellenfluß) auf. Auf seinem Fluß durch den Sudan durchquert der Nil, der hier Weißer Nil heißt (Bahr al Abiad), trockene und wüstenartige Gebiete, wobei ein guter Teil seines Wassers verdunstet. Er würde das Mittelmeer nie erreichen, sondern sich in vielen kleinen Sümpfen verlieren, würde er nicht bei Khartum, der Haupstadt des Sudan, durch den Blauen Nil wesentlich verstärkt.

Der Blaue Nil oder Bahr al Azraq oder auch Abbal, also Fluß des Sees, ist ein mächtiger Fluß, der aus dem Tanasee auf der äthiopischen Hochebene entspringt (auf 1840 Metern über dem Meeresspiegel) und in Khartum in den Weißen Nil mündet. Der größte Teil des fruchtbaren Lehms, für den der Nil berühmt ist, wird vom Blauen Nil während seiner Hochwasserzeiten im Spätsommer oder Frühherbst von der äthiopischen Hochebene herabtransportiert.

Ab Khartum heißen die jetzt vereinigten Flüsse Weißer und Blauer Nil gemeinsam Nil oder Großer Nil. Nach 75 Kilometern fließt er über die erste seiner imponierenden Strom-

Der Dampfer Ma-Robert

schnellen (sechs an der Zahl, sie werden vom Meer flußaufwärts numeriert). Er durchquert sodann die Wüste, wobei er wiederum immer wasserärmer wird. Auf seiner langen Reise wird ihm auch viel Wasser zu Bewässerungszwecken entnommen.

Auf sudanesischem Staatsgebiet bildet der Nil weitere vier Stromschnellen, die auch zur Gewinnung von für die Wirtschaft des Landes unentbehrlicher elektrischer Energie dienen. Sodann begibt er sich auf ägyptisches Staatsgebiet, wo er bei Assuan die letzten Schnellen durchfließt (in der oben genannten Numerierung die ersten). Ebenfalls in Assuan befindet sich der berühmte Staudamm, der fast zwei Kilometer breit ist und ein riesiges Staubecken aufstaut, dessen Wasser zur Bewässerung verwandt wird.

Auf den 800 Kilometern von Assuan nach Kairo ist der Nil auch für große Schiffe befahrbar. Der Strom legt quer durch Ägypten 1500 Kilometer zurück, bevor er sich circa 15 Kilometer hinter der Hauptstadt Kairo verbreitert und in zahlreiche Arme verzweigt, die das riesige Delta bilden, mit dem der Nil in das Mittelmeer mündet. Zwei der vielen Mündungsarme sind schiffbar: der von Damietta in der Nähe von Suez und der von Rosetta bei Alexandria.

Ägypten: Ein Geschenk des Nils

Am Ufer des Nils entwickelte sich weit vor Christi Geburt die ägyptische Hochkultur, die als ein «Geschenk des Nils» bezeichnet wird. Hier leben heute über 23 Millionen Menschen von Ackerbau und Fischfang. Während der Hochwasserperiode von Juni bis September setzt der Nil, der von einem dichten Kanalsystem geregelt wird, an seinen Ufern den fruchtbaren Schlamm ab, den er am Oberlauf im hochgelegenen Abessinien abgetragen hat. So wird entlang seiner Ufer ein mehrere Kilometer breites Gebiet (Gesamtoberfläche ca. 26.000 km²) fruchtbar gemacht.

In einer Entfernung von 160 Kilometern vom Mittelmeer verzweigt sich der Strom zu einem der großartigsten Deltas der Erde und bildet so eine weitere bebaubare Fläche von 44.000 km².

Die meisten Engländer dachten im Oktober 1869, sie müßten ihren großen Afrikaforscher als für immer verschollen oder gar umgekommen erachten; jedenfalls gaben einige eher ungenaue Informationen, die in den Zeitungen veröffentlicht worden waren, dazu Anlaß. Einige wenige immerhin waren der Meinung, Livingstone lebe noch und man müsse sich auf die Suche nach ihm begeben.

Einer von ihnen war der Amerikaner James Gordon Bennet, Direktor und Verleger des «New York Herald», ein Mann, der von seinem Temperament und seinem Beruf her daran gewöhnt war, journalistische Sensationen von weitem zu wittern.

Zu jener Zeit befand sich Gordon Bennet gerade in Europa, genauer in Paris, wo er vom Grand Hôtel aus die Vorbereitungen zur festlichen Einweihung des Suez-Kanals verfolgte, der am 17. November seiner Bestimmung übergeben werden sollte.

Wenige Tage davor, am 28. Oktober, hatte er eine Eingebung. An jenem Morgen war er wohl mit dem richtigen Bein aufgestanden, denn er verkündete seinen Redakteuren eine jener überraschenden Entscheidungen, für die er schon bekannt war: man mußte Livingstone wiederfinden!

Aus seinem Terminkalender konnte er ersehen, daß zufällig an genau diesem Tag einer seiner jungen Redakteure in Paris erwartet wurde: Henry Morton Stanley. Schnell schrieb er eine kurze Nachricht, übergab sie zur Besorgung seinem Diener und ging, nachdem er sich in Eile angezogen hatte, pfeifend zum Rasieren. Er war sicher, einen meisterhaften Coup gelandet zu haben.

Zwei Stunden darauf klopfte ein verwirrter, aufgeregter Stanley an seine Tür. «Tretet ein!» Gordon Bennet stand vor einem Sessel und zündete sich gerade eine Zigarre an.

Stanley trat ein, schloß die Tür hinter sich und blieb etwas befangen stehen, den Hut in der Hand. Er sah seinen Direktor zum ersten Mal. Schnell durchlief er noch einmal im Geist seine letzten Artikel, um sicher zu sein, daß ihm nicht irgendein grober Fehler unterlaufen war. Er fürchtete, jetzt entlassen zu werden, denn Gordon Bennet pflegte sich nicht persönlich mit seinen Redakteuren zu unterhalten.

«Was glaubt Ihr, wo sich Livingstone befindet?» fragte ihn jener ohne weitere Eröffnungen. «Das weiß ich wahrhaftig nicht, Sir», antwortete der immer verwirrtere Stanley. «Glaubt Ihr, daß er am Leben ist?» «Das ist schon möglich, aber natürlich keineswegs sicher.» Seltsame Fragen bekam er hier gestellt! «Ihr müßt ihn finden!» beschied Bennet und nahm einen tiefen Zug aus seiner Zigarre.

Jetzt endlich begriff Stanley. «Ihr glaubt im Ernst, daß ich Doktor Livingstone finden kann?» «Sicher doch», antwortete Gordon Bennet, der sich im Sessel niedergelassen hatte. Stanley trat einige Schritte auf ihn zu. «In wenigen Tagen reise ich zur Einweihung des Suez-Kanals...» «Und danach geht Ihr Livingstone suchen!» «Das wird eine ungeheuer teure Expedition, Sir. Wir werden viele Träger brauchen, Mengen von Proviant...»

Erneut nahm Bennet einen tiefen Zug aus seiner Zigarre und blies eine blaue Wolke in die Luft. «Ihr erhaltet von unserer Bank eintausend Pfund Sterling», sagte er. «Und wenn Ihr die ausgegeben habt, dann bekommt Ihr nochmal tausend, und wenn die alle sind, dann eben nochmal tausend. Und wenn die verpulvert sind, dann holt Euch zum Teufel wieder tausend undsoweiter undsoweiter. Aber findet Livingstone! Und jetzt los und an die Arbeit!»

Dem verdutzten Stanley blieb nichts, als zu grüßen, schleunigst den Raum zu verlassen und die Tür hinter sich zu schließen. Den ganzen Korridor hinab vergaß er, seinen Hut wieder aufzusetzen. Erst als er die Treppe hinabstieg, kam er langsam wieder zu sich. Er drückte sich den Hut auf den Kopf, stieß einen Freudenschrei aus und rannte die Treppe hinunter, indem er sich zwischen den konsternierten Gästen des Grand Hôtel hindurchschlängelte und immer drei Stufen auf einmal nahm.

An jenem Nachmittag verlor Stanley keine Zeit. Er klapperte die Redaktionen der großen Pariser Zeitungen ab, um die letzten Taten Livingstones in Afrika zu rekonstruieren.

So erfuhr er, daß die Träger, die den Forscher im Dezember 1866, also drei Jahre zuvor, in der Nähe des Njassasees zurückgelassen hatten, in Sansibar verbreiteten, ihr Herr sei von einem Stamm im Landesinneren umgebracht worden. Die Nachricht erschien erst im März 1867 und in aller Knappheit in den englischen Zeitungen, ohne sonderlich viel Aufsehen zu erregen. Allein die Royal Geographic Society entschloß sich zur Entsendung einer Expedition, die den Forscher suchen sollte. Diese erreichte unter der Führung von F. D. Young, der selber schon mit Livingstone durch Afrika gereist war, im Herbst desselben Jahres das Südufer des Njassasees und brachte in Erfahrung, daß der Forscher keineswegs umgekommen sei, sondern sich weiter nördlich befinde. Danach hörte man bis Ende 1868 keine Neuigkeiten von Livingstone, und erneut begannen Gerüchte von seinem Tod umzugehen.

Stanley begriff, daß es sich hier um eine wirklich mitreißende Story handelte, und er mußte das journalistische Gespür seines Direktors bewundern: ein Interview mit dem Entdecker, der seit vier Jahren keinen Weißen gesehen hatte, würde die Phantasie und Begeisterung von Millionen Lesern auf beiden Seiten des Atlantik beflügeln.

Er rieb sich die Hände. Sollte es ihm tatsächlich gelingen, Livingstone aufzustöbern, dann wäre das der größte Erfolg seiner Karriere. Auf eine solche Gelegenheit hatte er schon immer gewartet.

Stanley hieß eigentlich Rowlands und war das uneheliche Kind eines walisischen Bauern. Seine Mutter ließ ihn von Verwandten aufziehen, die ihn mit fünf Jahren ins Waisenhaus steckten, aus dem er als 15jähriger entfloh.

In Liverpool heuerte er als Schiffsjunge für eine Reise in die Vereinigten Staaten an. In New Orleans hatte er das Glück, von einem reichen Bürger adoptiert zu werden, der ihm seinen Namen gab: Henry Morton Stanley. Damals wurde ihm klar, daß ihm wohl ein außergewöhnliches Leben bestimmt war. Als sein Adoptivvater an einer Fieberattacke starb, schloß sich Henry der Konföderiertenarmee an und nahm am amerikanischen Sezessionskrieg teil. Nachdem er gefangengenommen war und dann in der Bundesmarine angeheuert hatte, begann er, über die Schlachten längs der Küste Berichte zu schreiben, mit denen er eine ganze Reihe von Zeitungsdirektoren auf sich aufmerksam machte. 1868, ein Jahr vor seinem Treffen mit Gordon Bennet in Paris, wurde er beim New York Herald angestellt, einer Zeitung, die für ihre Sensationsberichte bekannt war. Gerade hatte er selber einen verfaßt, und zwar über die britische Strafexpedition in Äthiopien, dessen König Theodor den britischen Konsul und andere Bürger des Königreiches gefangengenommen hatte. Er enthüllte sein Geheimnis nie, aber irgendwie gelang es ihm, seinen Bericht vor allen anderen Korrespondenten zu veröffentlichen. Und das hatte Gordon Bennet nicht vergessen.

Zwei Monate nach seiner Ankunft in Sansibar, am 27. März 1871, verließ Stanley die Stadt Bagamoyo an der Spitze einer bestens ausgerüsteten Expedition. Insgesamt war dies schon der fünfte Teiltrupp, den Stanley, der mit einem ausgezeichneten Organisationssinn begabt war, vorgeschickt hatte, um den Weg zu erkunden, Etappenlager einzurichten und für Vorräte zu sorgen. Es lohnt sich, die Beschreibung dieses malerischen Aufbruchs in seinem Reisetagebuch wiederzugeben:

«Unsere Parole lautete ‹Vorwärts›! Als der Führer die amerikanische Flagge entfaltete und sich an den Kopf der Expedition setzte, während hinter ihm die Träger, Tiere und Soldaten sich in Marschordnung aufstellten, sandten wir dem süßen Nichtstun, dem Blau des Ozeans und nicht zuletzt den Tausenden von schwarzen Schaulustigen, die gekommen waren, um unsere Abreise mit etlichen Gewehrsalven zu feiern, ein sehnsüchtiges Adieu zu. Unsere Abreise aus Bagamoyo erregte viel Aufsehen und zog Mengen von Neugierigen an. Wir gingen im Gänsemarsch einen schmalen Pfad entlang, der durch dichte Mimosenhecken auf beiden Seiten in Halbschatten getaucht war. Alle waren bei bester Laune. Die Soldaten sangen, der Führer hob bei den hohen Noten die Stimme und schwenkte die amerikanische Flagge, die allen Zuschauern verkündete: Hier kommt die Karawane eines reichen Herrn! Mein Herz schlug höher, als es einem strengen Herrn anstand, doch konnte ich es nicht bezähmen, da die Begeisterung der Jugend noch zu stark in mir schwang. Endlich hatte ich die mühsamen Vorbereitungen hinter mir, die mich die letzten beiden Monate beschäftigt gehalten hatten.»

«Während wir gen Westen eilten, schien uns die Sonne der Hoffnung ins Gesicht. Ringsumher strahlte alles vor Schönheit. Ich erblickte fruchtbare Felder, strotzende Vegetation und seltsame Bäume; ich vernahm das Zirpen der Zikaden, den Schrei des Pfaus und das vielstimmige Gesumme der Insekten, die mir alle zu sagen schienen: Endlich unterwegs! Was konnte ich anderes tun als das Gesicht zum klaren, reinen Himmel zu erheben und auszurufen: ‹Gott sei gelobt!›?»

Insgesamt wurde Stanley von 192 Männern begleitet, darunter die beiden Europäer W. L. Farquar und J. W. Shaw, welche von dieser Reise nicht mehr zurückkehren sollten. Die Ausrüstung bestand unter anderem aus 20.000 Ellen Stoff, einer Million Perlen, 320 Pfund Baumwollgarn, zwei zerlegbaren Schiffen, 40 Feuerwaffen, 71 Kisten Munition; das Ganze mit einem Gewicht von ungefähr sieben Tonnen.

In wenig mehr als drei Monaten erreichte Stanley den Ort Unyanyembe, 500 Meilen von seinem Ausgangspunkt entfernt. Dort traf er am 3. November eine Karawane aus Ujiji, von der er erfuhr, daß er auf dem richtigen Weg war.

«Gegen zehn Uhr morgens», so schreibt er in seinen Aufzeichnungen, «tauchte von Ujiji her eine Karawane auf, die aus achtzig Waguhha bestand, Angehörige eines Stammes, der in einem Gebiet südwestlich des Tanganyikasees lebt. Wir fragten, was für Neuigkeiten sie mitbrachten, und sie berichteten uns, gerade sei ein weißer Mann aus Manyuema in Ujiji eingetroffen. Diese Nachricht bewegte uns zutiefst.

«Ein weißer Mann?» fragten wir. «Ja, ein weißer Mann», antworteten sie. «Wie ist er gekleidet?» «Wie Ihr, Herr», lautete ihre Antwort an mich. «Ist er jung oder alt?» «Alt. Er hat viele weiße Haare im Gesicht und ist krank.» «Woher ist er gekommen?» «Aus einem fernen Land namens Manyuema.» «Ist er jetzt in Ujiji?» «Ja, vor acht Tagen haben wir ihn gesehen.»

Stanley geriet vor Freude fast außer sich und begann so nervös umherzuhüpfen, daß er bei seinen Trägern große Heiterkeit erregte. «Livingstone, das ist Livingstone, das kann gar niemand anderes sein», wiederholte er ständig. «Es könnte schon jemand anderes sein», unterbrach ihn Shaw. «Baker zum Beispiel ...»

Stanleys Begeisterung kühlte ein wenig ab, und er dachte einen Augenblick nach. «Nein», entschied er schließlich. «Baker hat keine ‹weißen Haare› im Gesicht. Wir müssen uns sputen ... Ich möchte nicht, daß Livingstone von unserer Ankunft erfährt und am Ende noch weiter nach Norden entwischt.»

Er ließ sich auf einem Baumstamm nieder, zog den Helm ab und trocknete sich den Schweiß. Die Männer standen im Kreis um ihn herum. «Frage sie, ob sie bereit sind, sofort nach Ujiji weiterzumarschieren», sagte er zum Führer der Gruppe. «Sie sollen alle eine Belohnung erhalten.»

Der Eingeborene wandte sich an die Träger und übersetzte die Frage. Zustimmendes Geschrei war die Antwort. Stanley stand auf, setzte den Helm wieder auf und wies den Führer an, sich mit der Flagge an die Spitze der Mannschaft zu setzen. «Also auf!» kommandierte er.

Dann begab er sich an Shaws Seite. «Gott gebe mir Geduld ... Oh, hätte ich doch ein Pferd!» Shaw blickte ihn verblüfft an. Er hatte ihn noch nie so aufgeregt erlebt. «Ich hoffe für Euch, daß es wirklich Livingstone ist.» «Er ist's, er ist's», erwiderte Stanley ohne das geringste Zögern. «Und mit einem Pferd könnte ich in wenigen Tagen in Ujiji sein!»

Da trat Selim, der Dolmetscher, näher. «Morgen kommen wir auf das Gebiet von Makumbi. Er ist ein harter Krieger, der keine Gefangenen macht.» «Dann reisen wir vor Morgengrauen.» Stanley ließ von seinem einmal gefaßten Plan nicht ab. «Wir senden die Führer vor, und die Soldaten auch, mit einem Abstand von zweihundert Metern von einem zum

anderen.» «In zwei Tagen sind wir in der Stadt Kawanga», fuhr der Dolmetscher fort. «Dort müssen wir König Uhha Tribut für die Durchreise entrichten, so ist es Brauch.» «Gut, gut», entgegnete Stanley zufrieden, «wir geben ihm zehn Ballen Stoff.» Er sah kein Hindernis mehr zwischen sich und Livingstone – höchstens die Entfernung, und die verringerte sich von Tag zu Tag.

Ende Oktober kamen der Tanganyikasee und Ujiji in Sicht. Folgendermaßen beschrieb Stanley dieses Ereignis:

«Es hieß, ich solle mich bereithalten, denn bald würden wir von einer Anhöhe aus den Tanganyikasee sehen können. Ich fühlte mich den Tränen nahe, und wir eilten auf den Hügel. Endlich sind wir oben – und welch Wunder! Da liegt er, silbern glänzend: der Tanganyikasee! Eine ungeheure, silbern schimmernde Fläche unter einem strahlenden himmlischen Baldachin und umgeben von majestätischen Bergen, ihrerseits von Palmenwäldern bekleidet.

Wir eilen weiter, getrieben von der Furcht, die Nachricht von unserer Ankunft könnte Ujiji erreichen, bevor wir selber in Sicht sind.

Träume, Hoffnungen, Erwartungen werden sich erfüllen. Unsere Augen spiegeln die Gefühle unserer Herzen wider. Wir spähen durch die Palmen, in der Hoffnung, jene Hütte auszumachen, die den Weißen mit dem grauen Bart beherbergt.

Nun befinden wir uns weniger als dreihundert Meter von Ujiji entfernt. Ich stehe mitten in einer Menge von Eingeborenen, als ich plötzlich auf Englisch angesprochen werde: «Guten Tag, Sir.» Von diesem Gruß überrascht, der inmitten so vieler Schwarzen an mich gerichtet ist, wende ich mich um, um zu sehen, von wem er wohl kam – und blicke neben mir in eines der schwärzesten Gesichter. Es ist freudig bewegt. Der Mann trägt ein langes weißes Hemd und um den Wuschelkopf einen Turban aus amerikanischem Leinen. Ich frage ihn:

«Wer bist denn du?» «Ich bin Susi», antwortet er. «Der Diener von Doktor Livingstone.» «Doktor Livingstone ist hier?» frage ich voller Ungeduld. «Ja, Herr.» «In diesem Dorf?» «Ja, Herr.» «Bist du sicher?» «Völlig sicher, Herr. Ich habe ihn gerade eben verlassen.» «Guten Tag, Herr», sagt eine andere Stimme. «Ist das auch ein Diener?» frage ich. «Ja, Herr.» «Gut, und wie heißt du?« »Chuma, Herr.» «Und dem Doktor geht es gut?» «Nicht sehr, Herr.» «Wo ist er die ganze Zeit gewesen?» «In Manyuema.» «Dann lauf», sage ich, «und sage dem Doktor, daß ich gleich komme.» «Ja, Herr», und der Diener schoß davon wie ein Pfeil.

James Gordon Bennet

Der Suez-Kanal

Es war ein uralter Traum, das Mittelmeer mit dem Roten Meer zu verbinden, um den Schiffen zu erlauben, auf einem kürzeren Weg nach Ostafrika und Indien zu gelangen. Schon die Pharaonen hatten 2000 Jahre vor Christus mit dem Bau eines Kanals vom Nildelta zu den Bitterseen begonnen. Diese liegen vor dem Golf von Suez, der das äußerste Nordende des Roten Meeres darstellt. Später, im 5. Jahrhundert vor Christus, ließ der Perserkönig Darius einen Kanal von den Bitterseen zum Golf von Suez ausheben, der aber im Lauf der Zeit versandete, bis er 776 nach Christus von den mohammedanischen Kalifen endgültig eingeebnet wurde.

Mit der Fortentwicklung der Handelsschiffahrt im vorigen Jahrhundert wurde das Bedürfnis nach einer Wasserstraße, die den Weg in den Fernen Osten abkürzt, immer drängender.

Die Möglichkeiten, einen Kanal durch die Landenge zwischen Ägypten und Arabien zu bauen, wurden von einer internationalen Kommission erörtert, der auch der italienische Ingenieur Luigi Negrelle angehörte. Er entwickelte den endgültigen Plan. Gemeinsam mit dem französischen Diplomaten Ferdinand de Lesseps begab er sich nach Ägypten, wo sie den Plan dem Vizekönig unterbreiteten, der ihn guthieß.

Die Arbeiten an dem Kanal begannen am 25. April 1859 und wurden zehn Jahre später, am 15. August 1869, abgeschlossen.

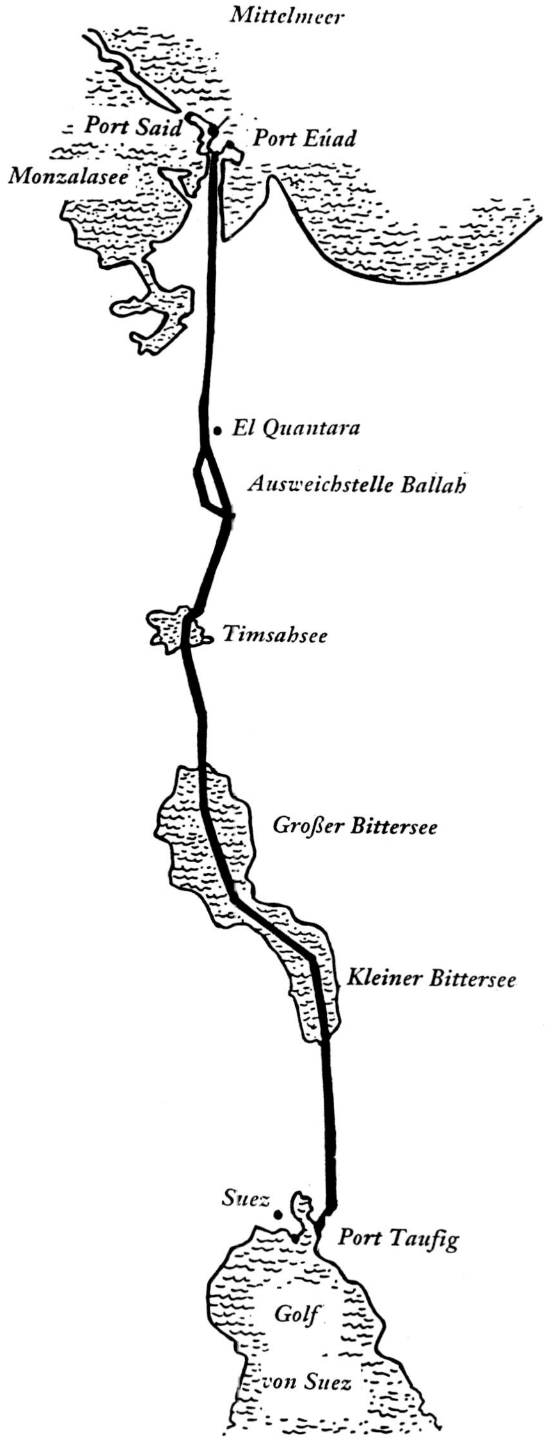

Nachdem er zunächst als international erklärt worden war, so daß alle Schiffe ihn ohne jede Abgabe befahren konnten, wurde der Kanal 1956 von der ägyptischen Regierung vereinnahmt. Heute muß jedes ausländische Schiff bei der Passage durch den Kanal einen Wegzoll entrichten, der sich nach der Anzahl der Passagiere und der Tonnage des Schiffs bemißt.

Der Kanal in Zahlen

Vom Leuchtturm von Port Said bis in den Hafen von Suez mißt der Kanal 161 km. Die Breite schwankt zwischen 70 und 125, die Tiefe zwischen 11 und 12 Metern.

25.000 Arbeiter waren am Bau des Kanals beteiligt. Für die Durchfahrt benötigt ein Schiff circa 10–12 Stunden und muß von einem Lotsen geleitet werden, der genau über die Tiefenverhältnisse Bescheid weiß und die Ausweichstellen kennt, an denen entgegenkommende Schiffe einander ausweichen können – dank einer hellen Beleuchtung übrigens auch nachts.

Stanleys Expedition

Am 21. März 1871 reiste Stanley von Bagamoyo am Ufer des Indischen Ozeans ab. Die Gruppe, an deren Spitze er sich befand, war die fünfte. Er hatte alle hervorragend ausgerüstet und organisiert.

Im Folgenden sind diese fünf Gruppen aufgeführt, die der Journalist und Entdecker nacheinander losgeschickt hatte, um den Weg zu erkunden und Versorgungsstationen zu errichten:

18. Februar: Abreise der ersten Gruppe mit 24 Trägern und drei Soldaten

21. Februar: Zweite Gruppe: 21 Träger, zwei Anführer und zwei Soldaten

25. Februar: Dritte Gruppe: 22 Träger, zehn Maultiere, W. I. Farquar, ein Koch, drei Soldaten

11. März: Abreise der vierten Gruppe mit 52 Trägern, zwei Anführern und drei Soldaten

21. März: Aufbruch der letzten Gruppe mit Stanley und J. W. Shaw, 28 Trägern, 12 Soldaten, je einem Schneider, Koch, Dolmetscher und Gewehrträgern, 17 Eseln, zwei Pferden und einem Hund.

Insgesamt zählte Stanleys Expedition 192 Mann.

Zusammensetzung der Ausrüstung:

- *40 Feuerwaffen*
- *71 Kisten Munition*
- *160 Kilo Baumwollgarn*
- *zwei zerlegbare Schiffe*
- *eine Faltbadewanne*
- *35.000 Meter Stoff*
- *eine Million Perlen*
- *Lebensmittel, Decken, Werkzeug, Geschirr, Medikamente, Zelte, eine Flasche Champagner und eine amerikanische Flagge.*

Insgesamt führte Stanley Waren im Gewicht von gegen 7 Tonnen mit.

Henry Morton Stanley

Das Fieber, das Livingstone so erschöpft hatte, sank langsam, und mit ihm vergingen auch nach und nach die ängstlichen, teils verzweifelten Träume, die ihm in den letzten wenigen Stunden so viele Episoden seines Lebens vor Augen geführt hatten. Er öffnete die Augen, nahm den Gesang der Vögel im nahen Wald wahr und spürte die angenehme Wärme der Sonne, die durch die halboffene Hüttentür hereindrang. Die seltsame Stille des Dorfes beunruhigte ihn. Er befühlte sich die Stirn: sie war beinahe kühl. In sich verspürte er eine seit langem vermißte Kraft, und er warf die Decke von sich. Plötzlich erschien Susi außer Atem in der Türöffnung.

«Herr, Doktor, da kommt ein Mann, ein Weißer, ich habe ihn gesehen, mit ihm gesprochen!» Livingstone versuchte aufzustehen. Der Kopf drehte sich ihm. Er schöpfte neue Kraft, und diesmal gelang es ihm. «Wer ist es?» erkundigte er sich, während er sich mühte, in die Schuhe zu schlüpfen. «Er ist mit einer großen Expedition gekommen. Sie führen eine Fahne mit sich, mit Streifen und lauter Sternen.»

Der Forscher antwortete nicht. Er erhob sich mühsam, schwankend, und versuchte, sich in Ordnung zu bringen, so gut es eben ging. Draußen vor der Hütte hörte er unterdrückte Stimmen. Er trat auf die Schwelle.

«Guten Tag, Doktor!» Mohammed bin Saleh deutete auf weitere vier arabische Händler, die mit leicht geneigtem Haupt grüßten. «Wir dachten, wir sollten dabeisein, wenn ihr die Expedition trifft, die zu Eurer Hilfe gekommen ist. Sie sind schon dreihundert Meter vor dem Dorf.»

Livingstone war verblüfft. Er warf einen Blick auf den Kalender: der 3.

November 1871. Er begriff noch nicht ganz, was hier geschah. «Ein amerikanischer Mann», teilte ihm ein Händler mit. «Er kommt mit Trägern und einer Menge Soldaten.» Livingstone trat auf den Vorplatz der Hütte und blickte zum Dorf hinüber. Man hörte eine Gewehrsalve knallen.

«Das sind sie, das sind sie!» Susi machte vor Freude einen Luftsprung. «Sie kommen Euretwegen, Herr. Sie bringen Lebensmittel, Medikamente ...» Livingstone ging auf die Straße hinaus und stellte sich zwischen die arabischen Händler. Vom Dorf her kam hinter dem Führer, der die amerikanische Fahne schwenkte, Stanley geschritten. Er ging sicher und triumphierend auf den Erfolg seines Lebens zu.

«Da sagte Selim zu mir» – so schreibt er in seinen Erinnerungen – «Ich sehe den Doktor, Herr! Oh, wie alt er ist! Sein Bart ist ganz weiß.» Und ich selbst, ach, was hätte ich für ein wenig Alleinsein gegeben, um ungesehen meine Freude austoben zu können, mir in die Hand beißen, Purzelbäume schlagen, mit der Peitsche auf die Bäume einhauen und so meinen Gefühlen, die stärker waren als alles andere, freien Lauf lassen zu können. Mein Herz schlug rasend schnell, aber ich konnte es mir nicht leisten, mir meine Erregung ansehen zu lassen, aus Furcht, die Würde eines weißen Mannes in einer so außerordentlichen Situation könne darunter leiden.»

Livingstone stand unbewegt, verwirrt vom Anblick jener Expedition, die ihm regelrecht unwirklich schien. Als er sich auf hundert Meter genähert hatte, öffnete sich vor Stanley in der Menge der Eingeborenen eine Gasse, und er konnte Livingstone entgegengehen. Aber überlassen wir die Beschreibung dieses historischen Augenblicks ihm selbst:

«Während ich mich ihm langsam näherte, sah ich, wie bleich und entkräftet er wirkte. Er trug eine bläuliche Mütze mit einem verblichenen Goldband daran, eine rotärmelige Jacke und ein Paar graue Tweedhosen. Ich hätte ihm entgegenstürzen mögen, war aber von der Gegenwart der Menge gehemmt. Umarmen hätte ich ihn wollen, konnte aber nicht abschätzen, wie er als Engländer solchen Gefühlsausbrüchen gegenüberstand. Ich tat also, was Feigheit und falscher Stolz mich tun hießen: ich trat festen Schritts auf ihn zu, zog den Hut und sagte: «Doktor Livingstone, wenn ich nicht irre?»

«Ja», sagte er freundlich lächelnd, indem er die Mütze etwas lüpfte. Beide bedeckten wir wieder den Kopf, gaben uns dann die Hand, und ich sagte laut: «Ich danke Gott, Doktor, daß er mich Euch hat finden lassen.»

«Ich bin glücklich, Euch willkommen zu heißen», entgegnete er.

Dann wandte Stanley den Blick von dem Forscher, dem Tränen in den Augen standen, ab und blickte zu den arabischen Händlern hinüber, indem er erneut den Hut zog. Diese grüßten ihn mit lautem Vivatgeschrei. Livingstone stellte sie ihm nacheinander vor. Stanley dachte sich gleich, daß sie bei der Begegnung vor allem deswegen dabei sein wollten, um als erste Hand auf die Verpflegung legen zu können, die er mitbrachte, und so gleich mit ihm Geschäfte machen zu können. Aber er ließ sich nicht bekümmern. Er war von einer betäubenden Freude erfüllt.

Livingstone bat ihn auf die Veranda der Hütte und hieß ihn auf einer mit einem Ziegenfell bedeckten Strohmatte Platz nehmen. «Danke, Doktor», sagte Stanley verlegen. «Euch gebührt die Ehre, auf dieser Matte zu sitzen.» «Nein, nicht doch», beharrte Livingstone. «Es ist Euer Platz. Ihr habt mir neue Lebenskraft verliehen ... ich habe seit sechs Jahren nicht mehr mit einem Weißen gespochen.» Langsam nahmen um sie herum die arabischen Händler Platz. Vor der Hütte feierten bald tausend Eingeborene mit Rufen und Gesang.

«Ach, Leser» – schreibt Stanley weiter –, «wärest du an jenem Tag in Ujiji an meiner Seite gewesen, welch einen mitreißenden Bericht von den Taten dieses Mannes hättest du gehört! Wärest du da gewesen, um zu sehen und zu lauschen! Ich hörte jede Einzelheit von seinen Lippen, und die lügen nie. Ich kann seine Worte nicht genau wiederholen, da ich zu gespannt zuhörte, um den Block herauszunehmen und seine Geschichte mitzustenographieren. Er hatte dermaßen viel zu erzählen, daß er mit dem Ende begann. Und sein zunächst so nüchterner Bericht bekam bald einen immer feierlicheren Klang, bis er schließlich einem wunderbaren Heldenlied zu ähneln begann.»

Die ersten Tage verlebte Stanley mit Livingstone in einem geradezu rauschhaften Glückszustand. Die Tatsache, daß er den alten, in Vergessenheit geratenen Forscher gefunden hatte, begann hinter dessen außergewöhnlicher Persönlichkeit zurückzustehen, die er nach und nach entdeckte. Livingstone seinerseits war tief bewegt von all dem, was Stanley für ihn getan hatte und immer noch tat. Er hatte ihm große Mengen von Vorräten und Medikamenten gebracht, einen Packen Briefe, der für ihn in Unyanyembe gelegen hatte – und vor allem Nachrichten aus der Welt. Jeden Abend am Lagerfeuer berichtete ihm Stanley von den Ereignissen, die im Laufe dieser sechs Jahre vorgefallen waren, und das Ganze mit einer Freude an Genauigkeit und Einzelheiten, die einen Mann wie Livingstone bezaubern mußte. Er berichtete von den Schlachten und dem Ausgang des Deutsch-Französischen Krieges, dem Fall von Paris, von der Eröffnung des Suezkanals, die den Entdecker gewaltig beeindruckte, vor allem wegen der Vorteile, die sie Afrika bescheren konnten. Er erzählte von der Einrichtung des transatlantischen Telegrafendienstes, dem Tod von Lord Claredon, seinem Freund, dem Sekretär im britischen Außenministerium.

«Ich werde Eurem Verleger Gordon Bennet wohl nie den Dank entrichten können, den ich ihm schulde», sagte eines Abends Livingstone. «Ohne ihn, ohne Euch wäre ich heute wohl tot, statt meine Mission vollenden zu können.»

Stanley blickte ihn überrascht an. «Eure Mission habt Ihr doch schon erfüllt, Doktor. Jetzt steht Euch eine triumphale Rückkehr nach England bevor.»

«Aber nein, das kommt nicht in Frage», protestierte Livingstone und stellte den Suppenteller auf einem Hocker ab. «Ohne einen endgültigen Erfolg vorweisen zu können, kann ich an eine Rückkehr nicht denken.»

Stanley setzte sich neben ihn. «Sprecht Ihr von den Nilquellen?» «Ja. Die Sache ist eine Frage des Ehrgeizes, von Leben oder Tod ...» «Aber jetzt seid Ihr noch zu schwach», wandte Stanley ein. «Ich werde schon wieder zu Kräften kommen, ich muß es. Vier, fünf Monate werden mir genügen.»

Stanley antwortete nicht, sondern wies mit dem Blick auf die Suppe hin. Lange schwiegen sie. «Ich habe beschlossen, mich hier niederzulassen und Eure völlige Genesung abzuwarten», sagte Stanley plötzlich.

«Nicht doch. Ihr müßt heimkehren und schreiben ... deswegen habt Ihr doch die Reise unternommen. Euer Verleger hat mehr als viertausend Pfund in die Sache investiert.» Stanley lächelte. «Ich habe schon alles vorbereitet, um die ersten Depeschen nach Sansibar abzusenden. Und andere werden darauf folgen.»

Livingstone schüttelte den Kopf. «Sie werden Euch nicht glauben ... Ihr müßt in eigener Person heimkehren. Ich gebe Euch Briefe mit und mein Tagebuch, das Ihr meiner Tochter Agnes zukommen lassen sollt.» Stanley sah ein, daß er recht hatte. Er mußte Beweise nach England bringen und Artikel über Artikel schreiben. Livingstones Afrika mußte erklärt und beschrieben werden. Nur so würden die Menschen begreifen.

«Seht mal, mein Freund», fuhr Livingstone fort, der seine Gedanken zu erraten schien. «Ich habe gegenüber der Hautfarbe der Afrikaner keine Vorurteile. Wenn ich mir die Eingeborenen aus Manyuema und, sagen wir einmal, die Mitglieder der Londoner Anthropologischen Gesellschaft vorstelle, alle mit denselben Strohröckchen bekleidet, dann würde ich meinen Platz als zwischen den Eingeborenen aus Manyuema liegend empfinden, bei ihnen würde ich mich wohler fühlen.»

Stanley lächelte und schrieb den Satz in sein Notizbuch. «Der Satz wird einiges Aufsehen erregen», sagte er.

«Dann schreibt auch, daß die Sklaverei in diesem Teil Afrikas nicht vorbei ist, und daß die Großmächte sich dafür einsetzen müssen, sie endgültig zum Verschwinden zu bringen.» «Das werde ich schreiben.» Stanley machte sich eifrig Notizen.

Livingstone setzte den Teller ab und trat zum Feuer. Er hatte Sehnsucht nach Wärme und Heiterkeit. Er schloß die Augen halb und dachte an sein altes Projekt: die Nilquellen. Plötzlich sagte er: «Ich habe beschlossen, daß Ihr mich auf eine Expedition begleiten werdet.»

Stanley blieb vor Überraschung der Stift in der Luft stehen. «Vor der Regenzeit», so fuhr der Forscher fort, «erreichen wir das Nordende des Tanganyikasees. Wir müssen herausbekommen, ob dort der Nil entspringt.»

Stanley überschlug die Reisedauer: «Wir würden ungefähr zwanzig Tagesmärsche benötigen ...» «Vielleicht weniger.» «Ihr habt die Kraft nicht dazu.» «Doch, doch», lachte Livingstone. «Wenn Ihr mich weiter mit Euren köstlichen Suppen mästet, dann kann ich Euch schon in einer Woche zum Ringkampf fordern.»

Stanley mußte lachen – dieser Livingstone war wirklich ein außergewöhnlicher Mann!

Am 13. Dezember waren sie von der Erforschung des oberen Tanganyikasees schon wieder zurückgekehrt und brachen nach einer Ruhepause von zwei Wochen nach Unyanyembe auf, das sie am 18. Februar 1872 erreichten. Livingstone wollte den Nachschub abholen, den ihm der Konsul Kirk mit einer Karawane geschickt hatte, und für Stanley war es schon ein Teil seiner Rückreise.

Sie verbrachten noch einige Wochen miteinander. Doch nun stand der Moment bevor, in dem es Abschied nehmen hieß. Am Morgen des 14. März war Stanleys Gruppe für den Rückmarsch zur Küste bereit. Livingstone und seine Träger gesellten sich ihr bei, um sie für einige Kilometer zu begleiten.

Schweigend marschierten die beiden Forscher am Kopf der Menschenschlange. Beide hatten am Abend zuvor vergeblich versucht, den anderen zum Bleiben zu überreden, wenigstens für einige Tage. Aber so fest, wie Livingstone entschlossen war, in Afrika zu bleiben, hatte auch Stanley entschieden, nach England zurückzukehren, um der Welt von dieser unglaublichen Begegnung zu berichten.

«Ich habe eine Liste über den Nachschub gemacht, den ich Euch bitte, mir so bald wie möglich zu schicken», brach Livingstone endlich das gespannte Schweigen. «Sobald ich an der Küste ankomme, schicke ich Euch fünfzig Träger», gab Stanley zur Antwort. «Versichert Euch, daß sich darunter keine Sklaven befinden», empfahl ihm Livingstone. «Ihr könnt sicher sein. Ich werde sie persönlich aussuchen.»

Livingstone fühlte sich erleichtert und nahm wieder die Spitze der Gruppe ein. Er verließ jetzt seine letzte Verbindung mit der zivilisierten Welt, diesen jungen Mann, den er schon wie einen Sohn liebte und den er in manchen Briefen, die er ihm mitgegeben hatte, der Freundlichkeit und dem Wohlwollen der

Adressaten empfahl. Seiner Tochter Agnes hatte er geschrieben: «Er ist mit der typisch amerikanischen Großzügigkeit begabt. Meine Augen füllen sich bei jedem neuen Beweis seiner Freundschaft mit Tränen.»

Stanley ging schweigend ihm zur Seite. Worte konnten ihre Gefühle jetzt nicht mehr ausdrücken. Nun überwog für Stanley die Vorahnung, ja die Gewißheit, daß er diesen außergewöhnlichen Mann nie wiedersehen würde. Hin und wieder blickte er ihn lange an, um sich seine Züge gut einzuprägen. Plötzlich blieb Livingstone stehen. Der Augenblick des Abschieds war da. Ohne ein Wort umarmten sich die beiden, Stanleys Augen füllten sich mit Tränen. Chuma und Susi kamen herbeigeeilt, um ihm die Hände zu küssen. Er fühlte vor Ergriffenheit einen Knoten im Hals und wandte sich brüsk an seine Träger:

«Los!» schrie er mit aller Kraft. «Habt ihr keine Lust, nach Hause zu kommen?» Die Kolonne ging los. Er folgte ihr, ohne sich noch einmal umzudrehen.

Livingstone und seine Männer schauten den nach Osten verschwindenden Menschen lange nach. Erst bevor er in den dichten Wald eintrat, wandte Stanley sich um und winkte einige Male mit den Armen und der Mütze. Livingstone erwiderte seinen Gruß mit den Armen und machte sich dann auf den Heimweg nach Ujiji, wo sich sein Schicksal erfüllen sollte.

Stanley erreichte England am 1. August 1872. Die sensationellen Artikel über seine Begegnung mit Livingstone machten Geschichte. Die Zeitungen widmeten dem großen Ereignis, das die Leser in England, Amerika und auf der ganzen Welt beeindruckte und ergriff, ganze Seiten.

Der Verleger Gordon Bennet strahlte. Seine journalistische Spürnase war ihm treu geblieben, hatte ihn bekannt gemacht und die Auflage des New York Herald beträchtlich in die Höhe getrieben. Mit der Veröffentlichung seines Buchs «How I found Livingstone» (Wie ich Livingstone fand) gelang Stanley der Rest: hatte er den verschollenen großen Entdecker wiedergefunden, so hatte England unvermittelt einen Mythos, einen legendären Held zurückbekommen.

Doch damit gab sich Stanley nicht zufrieden. Er hielt das Versprechen, das er Livingstone gegeben hatte, und organisierte eine Kampagne gegen die Sklaverei, die sich in Südostafrika noch gehalten hatte. Schließlich wurde das Unterhaus so aufmerksam auf das Problem, daß es mit der Androhung einer Schiffsblokkade den Sultan von Sansibar dazu zwang, den schändlichen Handel am 5. Juni 1873 mit seiner Unterschrift zu verbieten. Für Livingstone war das jedoch zu spät.

«Doktor Livingstone, wenn ich nicht irre?»

Als Henry Morton Stanley Ujiji erreichte, war er unleugbar müde und gespannt auf sein Zusammentreffen mit dem Mann, den er so lange gesucht hatte. Trotzdem war er sich bewußt, daß die ersten Worte, die er zu ihm sprechen würde, Eingang in die Geschichte finden würden. Jedoch sprach er nicht irgendeinen «historischen» Satz aus. Trotz der Gewißheit, daß dieser Mann nur Livingstone sein konnte, wurde Stanley im Augenblick seines Triumphes doch noch einmal von einem Zweifel befallen.

In seinen Memoiren schreibt er darüber: «Als der Moment gekommen war und jener große Mann mir endlich gegenüberstand, trugen diese bohrenden Zweifel nicht unbeträchtlich dazu bei, daß ich dann doch der Situation nicht gewachsen war. «Nach allem könnte es doch jemand anders sein», wollten mir diese Zweifel einreden. Was sollte ich in so einem Fall sagen? Ich war innerlich auf diese Möglichkeit nicht vorbereitet. Rings um mich stand die Riesenmenge, schweigend und voller Erwartung, was nun geschehen würde.»

Sein stürmisches «amerikanisches» Temperament hätte Stanley eigentlich dazu bewegt, seinem Gegenüber einfach die Arme um den Hals zu legen und höchstens noch zu fragen: «Doktor Livingstone?», ohne jenes «wenn ich nicht irre» anzufügen, aus lauter Angst, einen Riesenpatzer zu begehen. Aus diesem Grund entschlüpfte ihm jener Satz, den er sein ganzes Leben lang bereuen sollte. Diese wenigen Worte, feierlich inmitten des unendlichen Afrika ausgesprochen, wurden nämlich ein geflügeltes Wort, mit dem bis in unsere Tage englische Unterkühltheit parodiert wird, zum Beispiel in vielen Fernsehsketches, wenn es immer wieder heißt: «Mister X, wenn ich nicht irre?»

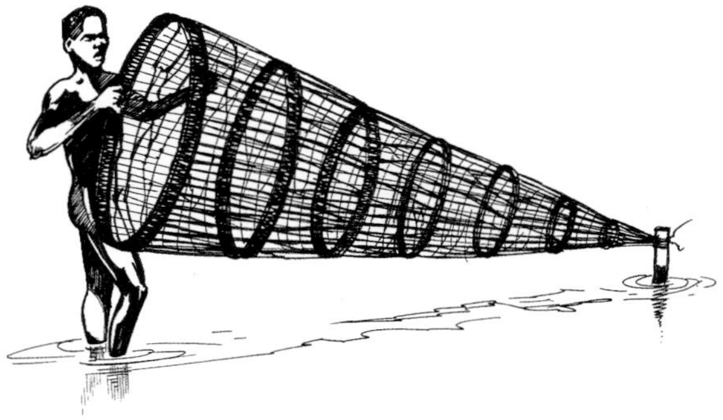

Der Tanganyikasee und die beiden letzten Reisen

Der Tanganyikasee ist mit 32.893 km² nach dem Viktoriasee Afrikas zweitgrößtes Gewässer und liegt zwischen Zaire im Westen, Tansania im Osten, Burundi im Norden und Sambia im Süden.

Er ist ungefähr 725 km lang und zwischen 40 und 80 km breit, liegt 773 Meter über dem Meer und ist an der tiefsten Stelle 1.435 Meter tief, also 662 Meter unter Meeresniveau.

Von den zahlreichen Zuflüssen seien hier vor allem der Malagarasi und der Rusisi erwähnt; der größte im Tanganyikasee entspringende Fluß ist neben zahlreichen kleineren der Lukuga, der dann in den Kongo mündet. Die Ufer des Sees sind wegen der großen Nord-Süd-Ausdehnung sehr verschiedengestaltig: flach und abwechslungsreich im Norden, und im Süden zerklüftet und von reicher Vegetation bedeckt.

Die ersten Auskünfte über seine Existenz gelangten durch die Engländer Burton und Speke nach Europa, die zu Beginn des neunzehnten Jahrhunderts an sein Südufer gelangt waren.

Im Oktober 1871 erkundeten Stanley und Livingstone dann die nördliche Küste und entdeckten im November/Dezember den Lusizè, der in den Tanganyikasee mündet.

Später entdeckte der englische Forscher V. L. Cameron den Abfluß Lukuga, seinerseits ein Nebenfluß des Kongo. Als Stanley 1876 nach dem Tod Livingstones nach Afrika zurückkehrte, erkundete er die Ufer des großen Sees vollständig.

Livingstones zwei letzte Reisen

Stanley und Livingstone unternahmen ihre einzige gemeinsame Reise im November/Dezember des Jahres 1871. Mit ihrer Expeditionsgruppe stießen sie bis zum äußersten nördlichen Ende des Tanganyikasees vor und entdeckten den Lusizè, einen Zufluß des Sees.

Nach ihrer Rückkehr und zwei Wochen Erholungspause brachen die beiden Forscher erneut von Ujiji auf, diesmal nach Unyanyembe: Stanley auf seiner Heimreise, Livingstone, um den Nachschub in Empfang zu nehmen, den ihm der britische Konsul Kirk mit einer Karawane geschickt hatte.

Am 25. August 1872 reiste Livingstone aus Unyanyembe ab; er wollte zunächst den Südzipfel des Tanganyikasees erreichen und von dort aus über den Bangweulusee nach Katanga zu den mythischen «Vier Quellen» vordringen.

Doch am 1. März 1873 starb er im Dorf Chitambo in der Nähe des Bangweulusees.

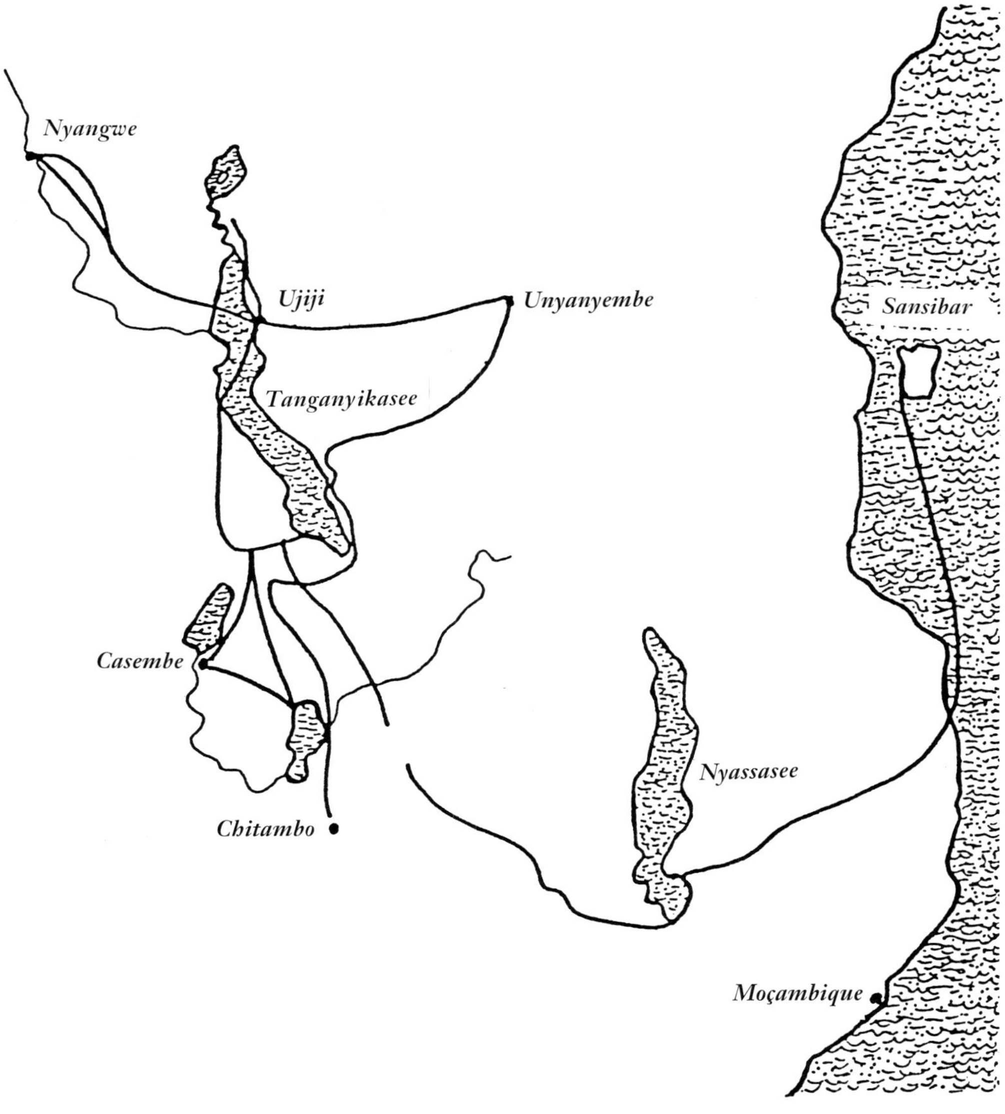

Livingstones letzte Reise

Fünf Tage nach der Abreise Stanleys wurde Livingstone, der in Unyanyembe den versprochenen Nachschub erwartete, 59 Jahre alt. Nunmehr hatte er nur noch ein Lebensziel: die Entdeckung der Nilquellen.

Es war ein trauriger Geburtstag. Er zog sich in seine Hütte zurück, um den ganzen Tag schreibend zu verbringen.

«19. März – Geburtstag. Oh Jesus, ich gebe mich ganz in Deine Hände. Nimm mich an, oh Vater, und hilf mir, noch dieses Jahr meine Aufgaben ganz zu erfüllen. Amen.»

So begann er eine lange Darstellung all seiner Taten in Afrika, eine genaue Aufzählung seiner Mißerfolge und Erfolge, eine kritische Bilanz seines Lebens als Missionar und Forscher.

Vor allem mußte er an das Scheitern als Missionar denken und an seine Naivität, als er vermeinte, er könne den Sklavenhandel bekämpfen und besiegen, indem er die zentralafrikanische Wirtschaft zu beleben half. Er gedachte des alten Plans, das Evangelium von eingeborenen Missionaren predigen zu lassen und verspürte tiefe Trauer darüber, daß keine der geplanten oder durchgeführten Missionen den gewünschten Erfolg gehabt hatte. Vielleicht mußte man bescheidener sein. Vielleicht sollte man an der Küste mit der Verbreitung des Christentums beginnen, um es dann von eingeborenen Missionaren langsam zu den Stämmen im Inneren tragen zu lassen.

Zudem beängstigte es ihn, daß ein anderes Vorhaben immer undurchführbarer schien: die Entdeckung der Nilquellen; die Suche nach ihnen konnte und wollte er nicht aufgeben. Von seinem Erfolg in dieser Sache hing es ab, ob er nach einer Rückkehr nach England neue Möglichkeiten erhalten würde, den Sklavenhandel zu bekämpfen und endgültig zu besiegen. Bei Einbruch des Abends trat Susi leise in die Hütte.

«Bald wird es dunkel», sagte er und entzündete eine Laterne. «Dann seht Ihr nichts mehr.» Livingstone blickte ihn dankbar an. Dann wandte er sich wieder seinen Aufzeichnungen zu. «Und gegessen habt Ihr auch nichts!» Betrübt wies Susi auf einen Teller Suppe, der unbeachtet auf einer Bank stand. «Ich hatte keinen Hunger», antwortete Livingstone. «Aber wenn du sie mir aufwärmst, werde ich sie essen. Ich habe jetzt einen richtig guten Appetit.» Susi eilte hinaus, um sofort mit einem Topf voll dampfender Suppe wiederzukehren. «Eine sehr gute Suppe, genau wie Ihr sie liebt, mit Gerste und Weizen.»

Livingstone lächelte und legte die Feder aus der Hand. «Bald müssen wir wieder aufbrechen.» Er wandte sich an Susi, der sich gesetzt hatte, um ihm Gesellschaft zu leisten. «Vor der Regenzeit müssen wir es geschafft haben.» «Das hängt davon ab, wann Freund Stanley den Nachschub schickt.» «Gewiß», antwortete Livingstone. «Nach meinen Berechnungen müßten die Sachen gegen Ende des Sommers eintreffen.» «Stanley hat versprochen ...» «Auf sein Wort kann man sich verlassen, er ist der treueste Freund, den ich je hatte. Er wird uns nicht im Stich lassen.»

Susi antwortete nicht. Er war glücklich, daß sein Herr so dachte. Das Warten auf die Ausrüstung für die nächste Expedition war das Einzige, das ihn am Leben hielt.

«Zuerst reisen wir in die Tiefebene westlich des Bangweulusees», erklärte Livingstone und zeigte ihm die Stelle auf einer Karte. «Ich glaube gewiß, daß wir die Quellen des Herodot in wenigen Monaten erreichen können. Stell dir vor, Susi: vier Flüsse, die alle in derselben Gegend entspringen – ist das nicht faszinierend?» Susi war glücklich, daß ihm sein Herr seine Pläne anvertraute. «Sicher doch, Doktor», antwortete er, «und dann finden wir auch die Quellen des großen Nils.»

Livingstone hielt mit halb erhobenem Löffel inne. «Ich hoffe es unendlich. Danach reisen wir nach England ... Du wirst mich begleiten. Ich habe einem Freund von mir geschrieben, einem Zahnarzt; er wird mir eine Zahnprothese anpassen.» Susi lachte und zeigte zwei Reihen blendender Zähne. «Ich werde das nicht brauchen», sagte er und griff nach dem leeren Teller. «Du nicht, aber ich, denn ich bin jetzt alt.» «Aber nein», protestierte Susi. «Ihr seid nicht alt. Ihr seid sehr müde. Aber wenn der Nachschub kommt, werdet Ihr wieder bei Kräften sein.»

Livingstone antwortete nicht. Er schlug das Tagebuch auf und fuhr fort, bei Laternenlicht zu schreiben. Susi verließ mit dem noch dampfenden Topf die Hütte.

«Ich plane», schrieb Livingstone ins Tagebuch, «mich zunächst in südwestlicher Richtung zum Bangweulusee zu begeben und dann westlich am Südufer dieses Sees entlang zum 12. Breitengrad zu reisen. Von dort werde ich weiter westlich zu den Quellen des Herodot gelangen. Aber wenn es nun diese Quellen nur in meiner Phantasie gibt? Genau das werde ich feststellen.»

Weitere Tage zogen ins Land, während denen einige Fieberattacken und die Tatenlosigkeit seine Moral zu unterhöhlen begannen. Trotz des Zuspruchs von Susi, der unter der Mutlosigkeit seines Herrn litt, kam er nicht mehr aus der Hütte.

Eines Morgens endlich, es war der 9. August, erreichte die von Stanley ausgesandte Gruppe Ujiji. Außer sich lief Susi herbei, um ihm die Ankunft zu melden. «Sie sind da!» schrie er närrisch vor Freude. Livingstone, der sich auf dem Feldbett ausgestreckt hatte, wachte schlagartig auf. «Herr», wiederholte Susi, «Stanley hat Wort gehalten ... Es kommen viele Leute. Sie sagen, es sind sechsundsiebzig Träger... Kisten, Lebensmittel, Medikamente, Gewehre, Munition ...»

Livingstone sprang vom Feldbett und rannte hinaus. Er hatte vor Erschütterung feuchte Augen. «Sie haben auch zwei Esel», erzählte Susi, der ihn begleitete. Der Führer der Karawane übergab ihm eine Nachricht, die Susi eilends seinem Herrn überbrachte. Ein Brief von Stanley. Livingstone las ihn sofort:

«Mein lieber Doktor, ich habe nur sehr wenige Menschen so lieb gewonnen wie Euch. England und Amerika erwarten von ihren Bürgern, daß sie ihre Pflicht tun – tut Ihr die Eure mit derselben Beharrlichkeit, die Ihr bislang bewiesen habt und kehrt dann zu Euren Freunden und in Euer Vaterland zurück, um den Lorbeerkranz zu erhalten – dann werde auch ich meine Pflicht tun ...»

Dieser Brief war ihm genauso nötig wie die Vorräte, die er nun in Augenschein nahm: Tee, Zucker, Mehl, Konserven, Meßinstrumente. Dazu kamen um siebzig Männer, geübte Marschierer, die Stanley engagiert und schon bezahlt hatte. Diesmal konnte es nicht schiefgehen!

Er stellte einige Berechnungen an und rief dann Susi zu sich. «Wir haben zwei Wochen für die Reisevorbereitungen», sagte er entschlossen. Susi hatte das schon erwartet und war nicht im geringsten überrascht: «Vielleicht geht es auch schneller», entgegnete er. «Die Männer brauchen nur ein paar Tage Ruhe.» «Wir ziehen am 25. August los», entschied Livingstone, als sie die Hütte betraten, wo er die Depeschen lesen wollte, die Stanley ihm mitgesandt hatte.

Und am 25. August brach er tatsächlich zu seiner letzten Reise auf. Bald traf er auf eine Reihe von widrigen Umständen: die zehn Kühe, die zur Expedition gehörten, starben eine nach der anderen nach Stichen der Tsetsefliege, so daß dem an der Ruhr leidenden Forscher ihre Milch sehr fehlte. Ein weiterer Verlust war der Tod einer der beiden Lastesel. Zudem mußten sie mit unerträglicher Hitze fer-

LIVINGSTON
MAY 4

tigwerden, die den Trägern die Füße verbrannte, mit den Fieberstössen, die Livingstone hin und wieder niederwarfen, und schließlich mit der Durchquerung eines Gebietes, in dem eine schlimme Hungersnot wütete.

Um diesem letztgenannten Übel auszuweichen, entschied Livingstone am 3. Dezember, sich zum Westufer des Bangweulusees zu richten, das er nach 170 Meilen unter heftigen Regenfällen erreichte. Schlamm, Sümpfe und über die Ufer tretende Flüsse zwangen ihn, nach Osten auszuweichen. An diesem Punkt verlor Livingstone wegen seiner unzureichenden Meßinstrumente die Orientierung. Er irrte von Sumpf zu Sumpf, weg von dem See und wieder hin zu ihm, dessen Breite er auf 150 Meilen geschätzt hatte, die aber in Wirklichkeit nur 25 Meilen betrug. Der Rest waren Sümpfe. Kein einziger Orientierungspunkt war auszumachen. Nichts als Schlamm, Wasser, so weit das Auge reichte, Kälte und endloser Regen.

Im Januar 1873 begannen die Kräfte des Forschers ernsthaft nachzulassen. Die Expedition kam nur noch drei Kilometer pro Tag voran, und er mußte auf Schultern getragen werden. Am 24. Januar notierte er im Tagebuch: «Es ist wirklich eine harte Aufgabe, mich durch diese breiten, tiefen Flüsse voller Wasserpflanzen zu tragen ... Das Wasser geht Susi bis zum Mund und umspült meine Schenkel und Waden ...»

Andere Plagen der Expedition waren die Blutegel und, auf dem bißchen trockener Erde, auf der sie sich bewegen konnten, fürchterliche rote Ameisen. Aber auch diese Unbilden konnten seine Hoffnung, die mythischen Nilquellen zu entdecken, nicht zerstören. Schon im Fieberwahn, bereitete er den Brief vor, mit dem er dem britischen Außenminister die Nachricht von seiner Entdeckung mitteilen wollte. «Die Quellen entspringen am Fuß einer Erhebung, die den Namen Hügel kaum verdient und nur .... Meter hoch ist. Dieser liegt bei .... Grad Breite und .... Grad Länge.»

Er war völlig ausgezehrt, sein Gesicht fahl wegen des fortgesetzten Blutverlustes. Immer noch mußten seine Männer ihn tragen. Er bot einen ergreifenden Anblick, und die Eingeborenen hielten ihm mehr aus Ergebenheit die Treue als aus der Hoffnung, irgendwann einmal etwas zu erreichen.

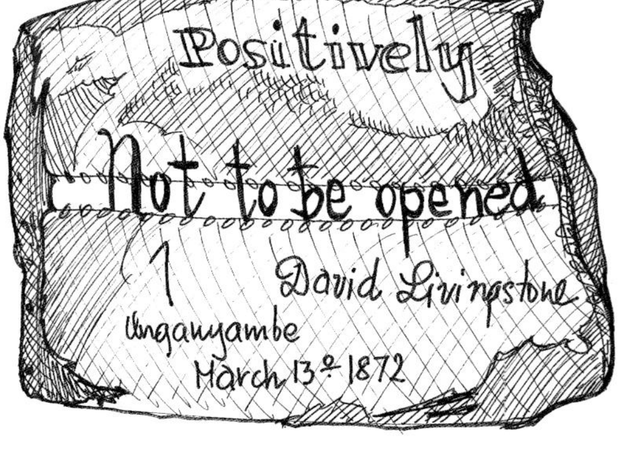

Livingstones letzte Informationen nach London

Gegen Ende März, immer noch hielten die Regenfälle an, befand sich die Expedition in Kanus in einer trostlosen, sumpfigen Gegend. «Nichts auf der Welt wird mich zum Abbruch meiner Unternehmung bewegen können», schreibt Livingstone auf einer der letzten Seiten des Tagebuchs. «Im Namen des Herrn fasse ich Mut und gehe voran. Ich bin schwach, bleich und blutlos durch die ständigen Hämorrhagien. Oh! Wie hoffe ich, der Allmächtige erlaube mir, meine Aufgabe zu erfüllen!»

Ende April überquerten sie einen namenlosen Fluß, der die Sümpfe in Richtung See durchfloß. Dies war die letzte Beobachtung, die er mit gewohnter Sorgfalt in seinem Tagebuch vermerkte. Er versuchte, den letzten Esel zu besteigen, fiel aber zu Boden. Susi half ihm wieder auf. «Ihr seid zu müde, Herr», sagte er und setzte ihm die Konsulsmütze auf, die er nach wie vor trug. «Wir müssen Halt machen.»

Livingstone versuchte, sich am Esel festzuhalten. «Unmöglich», sagte er mit schwacher Stimme. «Wir müssen zum letzten Dorf zurückkehren, um Männer zu finden, die bereit sind, uns durch diese Sümpfe zu führen ...» «Das Dorf liegt drei Kilometer zurück ...» «Ich werde es schon schaffen. Helft mir... Morgen unternehmen wir einen neuen Versuch. Wir durchqueren den Sumpf von einer anderen Seite ...»

Susi rief Chuma. Mit einigen Ästen bauten sie eine Bahre, auf die sie den plötzlich in tiefen Schlaf gefallenen Livingstone betteten. Dann beschlossen sie, nicht zurückzugehen, sondern in südöstlicher Richtung weiterzureisen. Einige Eingeborene meinten, den Weg zu einem Dorf außerhalb des Sumpfes zu kennen. Drei Tage später trafen sie dort ein.

Beim Anblick der ersten Hütten schöpfte Livingstone noch einmal Hoffnung. Er rief Susi. «Trag mich mitten ins Dorf», befahl er. «Ich möchte mit den Häuptlingen reden.»

Susi und Chuma hoben die Bahre auf und gehorchten. Die Einwohner traten aus den Hütten in den strömenden Regen und umstanden ihn schweigend. Sein leichenhaftes Aussehen flößte allen tiefen Respekt ein.

«Ich bitte euch», sagte der Forscher mit ersterbender Stimme und mühte sich, ein wenig aufrecht zu sitzen. «Ich weiß, daß unter euch jemand sein muß, der einen Hügel hier in der Nähe kennt, an dessen Fuß vier Flüsse entspringen ...» Die Eingeborenen schauten einander an und schüttelten den Kopf. Sie verstanden nicht, wovon er sprach.

«Trotzdem liegt der Hügel irgendwo hier in der Gegend», beharrte Livingstone und stütze sich mit den Armen auf. Susi befragte die Häuptlinge, erhielt aber dieselbe Antwort. Es gab keine Quellen, und Hügel schon gar nicht. Nichts als Morast, Sumpf, tiefe Flüsse. Er erhielt die Erlaubnis, seinen Herrn in einer Hütte unterzubringen. Er wollte ihm helfen, an einem Feuer trocken zu werden.

«Geh die übrigen Bohnensäcke zählen», sagte Livingstone, gestärkt von der Wärme des Feuers. «Dann versuch, Elefantenzähne zu kaufen, die wir auf dem Rückweg nach Sansibar umsetzen können.» «Morgen machen wir das, Herr, gemeinsam ...» «Vielleicht ist es morgen zu spät», murmelte der Forscher und zog die Decke hoch. «Ich habe Chuma nach Ziegenmilch geschickt», sagte Susi. «Die wird Euch gut tun.»

Der Forscher schüttelte den Kopf: «Hier ist keine Gegend für Ziegen, zu feucht ...» Und in der Tat kam Chuma ohne Milch zurück. Livingstone hatte sich neben dem Feuer hingelegt. Zwei Tage später brachen sie wieder auf.

Nach einigen Stunden sah sich die Expedition gezwungen, einen Fluß zu durchqueren. Die Männer suchten Kanus, fanden aber keines, in dem die Bahre mit Livingstone Platz gehabt hätte. Also trugen sie ihn auf Armen hindurch. Er litt ungeheuer unter den Schmerzen der Hämorrhagie.

«Auf der anderen Seite des Flusses liegt das Dorf Chitambo», sagte Susi und lenkte sein Kanu neben den Mann, der Livingstone durch die Flut trug. «Ich schicke jemanden vor, der Euch eine Hütte baut. Ihr könnt nicht weiter, Herr...»

Livingstone reagierte nicht. Zum ersten Mal überließ er sich einem fremden Willen. Er zeigte die eingefallenen Augen und das fahle Gesicht der Sterbenden. Als sie ihn in das Dorf trugen, erkundigte er sich zum letzten Mal danach, wo sie sich befanden.

«Ist der Fluß, den wir durchquert haben, der Luapula?» «Nein, Herr», antwortete Susi, «der Lulimala ... bis zum Luapula sind es nochmals drei Tagesmärsche.» «Mein Gott!» seufzte er – und fiel in tiefen Schlaf. Susi begriff, daß es dem Ende näherging.

In der Hütte betteten sie ihn auf ein Lager, das sie etwas erhöht gebaut hatten, um ihn vor der Bodenfeuchtigkeit zu schützen. «Bring mir die Medikamente», sagte er da in plötzlichem Erwachen. Susi gehorchte und goß ihm etwas Kalomel in eine Tasse mit warmem Wasser; er nahm entschieden mehr als die normale Dosis. Gleich darauf zeigte Livingstone Zeichen der Besserung. «Jetzt fühle ich mich etwas besser», sagte er und steckte den Kopf unter die Decke. «Du kannst jetzt schlafen gehen.»

Susi ging, ließ ihm aber einen Jungen namens Maywara zur Seite, der Nachtwache halten sollte. Aber auch Maywara, der von der langen Wanderung entkräftet war, fiel fast augenblicklich in Schlaf. Morgens um vier erwachte der Junge, warf einen Blick auf Livingstone und rannte verzweifelt zu Susi. Es war kurz vor dem Morgengrauen, und die Hütte wurde von einem Kerzenstummel und dem ersten Zwielicht des Tages erhellt. Als Susi eintrat, wagte er zunächst nicht, seinem Herrn näherzutreten, der mit dem Gesicht zur Wand neben dem Bett kniete. Sie warteten ein wenig, da sie glaubten, er bete. Aber er rührte sich nicht. Da traten sie zu ihm, und Susi fühlte ihm die Stirn. Sie war schon erkaltet. Es war der Morgen des 1. Mai 1873.

Susi und Chuma entschieden, den Körper ihres Herrn zur Küste zu bringen, damit er nach England eingeschifft werden konnte. Das war kein einfaches

Unterfangen. Die afrikanischen Dörfer mit einem Leichnam zu durchqueren, das bedeutete, bei den abergläubischen Stämmen große Furcht auszulösen – und die Gier nach hohen Wegzöllen. Also balsamierten sie den Leib notdürftig ein. Sie ließen ihn 14 Tage lang an der Sonne trocknen und wickelten ihn dann unter ständigem Besprühen mit Branntwein in Zelttuch ein, das sie schließlich zunähten und mit Teer abdichteten. Erst jetzt begaben sie sich auf die Reise. Fünf Monate später erreichten sie Unyamyembe, und im Februar 1874 waren sie in Bagamoyo an der Ostküste.

Am Morgen des 15. April desselben Jahres goß es in Strömen, aber im Hafen von Southampton war eine große Volksmenge um den Bürgermeister und die Stadträte versammelt. In erster Reihe wartete die gesamte Presse Englands: Journalisten, Fotographen und Zeichner hielten ungeduldig den Eingang zum Hafen im Auge.

Gegen neun Uhr lief, von einer Kanonensalve angekündigt, das Kriegsschiff «Volture» im Hafen ein. Die Musikkapelle stimmte einen Trauermarsch an, und viele Ferngläser richteten sich auf das Schiff. Auf der Brücke stand unter der englischen Fahne ein Sarg.

In der mit gezogenem Hut wartenden Menge stand auch ein kleiner schwarzer Junge und schwenkte ein Transparent: «Zum Gedenken an Livingstone, den Freund der Afrikaner.»

Ein Sonderzug transportierte den Sarg nach London, wo er zwei Tage lang in den Räumen der Royal Geographic Society aufgebahrt wurde.

Am 18. April wurde Livingstone von einer immensen Menge, darunter der Premierminister und der Prinz von Wales, von der Weltpresse besungen und unter einer endlosen Reihe von Gedenkreden in der Westminster-Abtei in London beigesetzt. In den Stein wurde zum Gedenken an seinen zähen Kampf gegen die Sklaverei ein Satz aus seinem Tagebuch eingemeißelt: «Alles, was ich in meiner Einsamkeit sagen kann, ist dies: Der Segen des Himmels sei mit all denjenigen, die dazu beitragen, dies offene Geschwür auf dem Antlitz der Erde zu heilen.»

Susi

Jacob Wainwright
mit dem Sarg

Die Länder Afrikas – eine Übersicht

Ägypten (Nordwest-Afrika)

Bevölkerungszahl: 43 Mio.
Fläche: 1 Mio. km^2
Hauptstadt: Kairo
Amtssprache(n): Arabisch
Kolonialgeschichte:
Die 3000-jährige Geschichte Ä. endete nach griechischer und römischer Herrschaft mit der Eroberung durch die Araber (639). Begründer des modernen Ä. war Mehmed Ali (1805-1849). Seit 1881 unter britischem Einfluß. Unabhängigkeitsjahr: 1922 als Monarchie unabhängig.

Algerien (Nordwest-Afrika)

Bevölkerungszahl: 18.5 Mio.
Fläche: 2.381.741 km^2
Hauptstadt: Algier
Amtssprache(n): Arabisch
Kolonialgeschichte:
Im Altertum Teil des römischen Reichs. Im 5.Jh. durch Wandalen, im 7.Jh. durch Araber erobert. Seit 1830 französische Kolonie, 1925 Beginn des Widerstandes. Unabhängigkeitsjahr: 1962

Angola (Südwest-Afrika)

Bevölkerungszahl: 7 Mio.
Fläche: 1.246.700 km^2
Hauptstadt: Luanda
Amtssprache(n): Portugiesisch
Kolonialgeschichte:
Seit dem 19.Jh. unter portugiesischer Kolonialherrschaft. Unabhängigkeitsjahr: 1975

Äquatorialguinea (West-Afrika)

Bevölkerungszahl: 360.000
Fläche: 28.051 km^2
Hauptstadt: Malabo
Amtssprache(n): Spanisch
Kolonialgeschichte:
Seit 1778 unter spanischer Kolonialherrschaft. Unabhängigkeitsjahr: 1968

Äthiopien (Nordost-Afrika)

Bevölkerungszahl: 30 Mio.
Fläche: 1.2 Mio. km^2
Hauptstadt: Addis Abeba
Amtssprache(n): Amharisch
Kolonialgeschichte:
Ä. ist einer der ältesten Staaten der Erde (mit fast 3000 Jahre alter Dynastie), seit dem 4Jh. mit christlicher Staatsreligion. Durch die Ausbreitung des Islams in den Nachbarstaaten von der übrigen christl. Welt abgeschnitten, konnte sich Ä. dennoch seine Unabhängigkeit bewahren. Im 20.Jh. war Ä. neben Liberia der einzige unabhängige Staat. Erst 1935/36 wurde es durch Italien erobert. Unabhängigkeitsjahr: 1942

Benin (West-Afrika)

Bevölkerungszahl: 3.8 Mio.
Fläche: 112.622 km^2
Hauptstadt: Porto Novo
Amtssprache(n): Französisch
Kolonialgeschichte:
Königreich Dahomey (bis ins 19.Jh.) unterlag 1892 den Franzosen und wurde Teil von Französisch-Westafrika. Unabhängigkeitsjahr: 1960

Botswana (Süd-Afrika)

Bevölkerungszahl: 850.000
Fläche: 600.372 km^2
Hauptstadt: Gaborone
Amtssprache(n): Setswana und Englisch
Kolonialgeschichte:
Britisches Protektorat mit Namen Betschuanaland. Unabhängigkeitsjahr: 1966

Burundi (Ost-Afrika)

Bevölkerungszahl:	4.2 Mio.
Fläche:	27.834 km^2
Hauptstadt:	Bujumbura
Amtssprache(n):	Französisch und Kirundi

Kolonialgeschichte:
Das alte Hima-Reich B. wurde 1890 Teil von Deutsch-Ostafrika, ab 1920 wurde es von Belgien verwaltet. Die alte monarchistisch-aristokratische Ordnung blieb jedoch bestehen. Unabhängigkeitsjahr: 1962

Djibouti (Nordost-Afrika)

Bevölkerungszahl:	230.000
Fläche:	21.783 km^2
Hauptstadt:	Djibuti
Amtssprache(n):	Bisher Französisch, Arabisch ist vorgesehen.

Kolonialgeschichte:
D., seit 1896 Französisch-Somaliland, erhielt 1959 begrenzte Autonomie. Unabhängigkeitsjahr: 1977

Elfenbeinküste (West-Afrika)

Bevölkerungszahl:	8 Mio.
Fläche:	322.463 km^2
Hauptstadt:	Abidjan
Amtssprache(n):	Französisch

Kolonialgeschichte:
Das Gebiet E., nach der an diesem Küstenabschnitt der Oberguinea-Küste gehandelten Ware benannt, wurde 1895 Teil von Französisch-Westafrika. Nach friedlicher Entkolonisierung erhielt E. 1958 autonomischen Status. Unabhängigkeitsjahr: 1960

Gabun (Westl. Zentralafrika)

Bevölkerungszahl:	550.000 (Schätzung der Uno; nach eigener amtl. Quelle über 1 Mio.)
Fläche:	267.667 km^2
Hauptstadt:	Libreville
Amtssprache(n):	Französisch

Kolonialgeschichte:
Seit 1875 Besetzung durch Franzosen (Französisch-Äquatorialafrika). Unabhängigkeitsjahr: 1960

Gambia (West-Afrika)

Bevölkerungszahl:	620.000
Fläche:	11.295 km^2
Hauptstadt:	Banjul
Amtssprache(n):	Englisch

Kolonialgeschichte:
Gambia war vom 16. bis 18. Jh. zwischen engl. und franz. Kaufleuten umstritten, seit 1765 unter britischer Kolonialverwaltung. Unabhängigkeitsjahr: 1965

Ghana (West-Afrika)

Bevölkerungszahl:	11.5 Mio.
Fläche:	238.537 km^2
Hauptstadt:	Accra
Amtssprache(n):	Englisch

Kolonialgeschichte:
Akan-Stämme wanderten seit ca. 1200 in das Gebiet des heutigen G. ein. Erste europäische Handelsstützpunkte gab es bereits im 14. Jh. 1874 entstand die brit. Kronkolonie Goldküste. Unabhängigkeitsjahr: 1957 unter dem Namen Ghana.

Guinea (West-Afrika)

Bevölkerungszahl:	5.01 Mio.
Fläche:	245.857 km^2
Hauptstadt:	Conakry
Amtssprache(n):	Französisch

Kolonialgeschichte:
1891 übernahmen die Franzosen die Kolonialherrschaft über G. Unabhängigkeitsjahr: 1958

Guinea-Bissau (West-Afrika)

Bevölkerungszahl:	570.000
Fläche:	36.125 km^2
Hauptstadt:	Bisher Bissau; Madina do Boé ist vorgesehen
Amtssprache(n):	Portugiesisch

Kolonialgeschichte:
1446 von Portugal in Besitz genommen, wurde das Gebiet 1879 zur Kolonie Portugiesisch-Guinea und erhielt 1955 autonomischen Status. Unabhängigkeitsjahr: 1974

Kamerun (Westl. Zentralafrika)

Bevölkerungszahl:	8.5 Mio.
Fläche:	475.422 km^2
Hauptstadt:	Yaoundé
Amtssprache(n):	Französisch

Kolonialgeschichte:
Die Landesteile K.'s standen früher unter dem Einflußbereich verschiedener Herrschaften. Von 1884 bis zum 1. Weltkrieg war K. deutsches Schutzgebiet. Frankreich gewann dann den größeren Teil, der 1961 Britisch-Kamerun zugesprochen wurde. Unabhängigkeitsjahr: 1972

Kap Verde (Inselstaat vor der Westküste Afrikas)

Bevölkerungszahl:	296.000
Fläche:	4033 km^2
Hauptstadt:	Praia
Amtssprache(n):	Portugiesisch

Kolonialgeschichte:
1460 wurde die unbewohnte Inselgruppe entdeckt, von den Portugiesen kolonisiert und mit schwarzen Sklaven besiedelt. 1951 erhielt Kap Verde autonomischen Status. Unabhängigkeitsjahr: 1975

Kenia (Ost-Afrika)

Bevölkerungszahl:	16.5 Mio.
Fläche:	582.646 km^2
Hauptstadt:	Nairobi
Amtssprache(n):	Englisch, Suaheli

Kolonialgeschichte:
Die Küste des heutigen K. gehörte 1000-1500 zum Bereich der islam. Suaheli-Kultur. Im 16.Jh. gewannen die Portugiesen Einfluß, im 18.Jh. die Oman-Araber, im 19.Jh. das Sultanat Sansibar. England machte das Gebiet 1895 zur Kronkolonie. Seit 1920 Unabhängigkeitsbewegungen. Unabhängigkeitsjahr: 1963

Komoren (Inselstaat im Ind. Ozean westlich der N-Spitze Madagaskars)

Bevölkerungszahl:	360.000
Fläche:	1797 km^2
Hauptstadt:	Moroni auf Grande Comore
Amtssprache(n):	Französisch

Kolonialgeschichte:
Seit 1886 französisches Protektorat. 1912 wurden die K. franz. Kolonie. Unabhängigkeitsjahr: 1975

Kongo (Zentral-Afrika)

Bevölkerungszahl:	1.54 Mio.
Fläche	342.000 km^2
Hauptstadt:	Brazzaville
Amtssprache(n):	Französisch

Kolonialgeschichte:
Bei der Entdeckung des Gebiets durch Europäer bestanden dort kleine selbständige Reiche. Ein Teil davon stand später unter franz. Protektorat und wurde 1891 zur französischen Kolonie. K. erhielt 1919 autonomen Status. Unabhängigkeitsjahr: 1960

Lesotho (Binnenstaat im südlichen Afrika)

Bevölkerungszahl: 1.3 Mio.
Fläche: 30.355 km^2
Hauptstadt: Maseru
Amtssprache(n): Englisch
Kolonialgeschichte:
Vor den Zulu- und Ndebelekriegern ins Gebirge geflüchtete Sothogruppen bildeten 1830 Basutoland und stellten sich 1868 unter brit. Schutz. Unabhängigkeitsjahr: 1966 innerhalb des Commonwealth.

Liberia (West-Afrika)

Bevölkerungszahl: 1.9 Mio.
Fläche: 111.369 km^2
Hauptstadt: Monrovia
Amtssprache(n): Englisch
Kolonialgeschichte:
L., die älteste Republik und neben Äthiopien der älteste der modernen Staaten Afrikas, entstand auf einem Gebiet, das seit 1822 von Amerikanern aufgekauft und durch freigelassene schwarze Sklaven besiedelt wurde. Unabhängigkeitsjahr: 1848/49 als unabhängiger Staat von europ. Staaten anerkannt, von den USA erst 1962.

Lybien (Nord-Afrika)

Bevölkerungszahl: 3.1 Mio.
Fläche: 1.759.540 km^2
Hauptstadt: Tripolis
Amtssprache(n): Arabisch
Kolonialgeschichte:
Seit der arabischen Eroberung der ehemals röm. Provinzen Nordafrikas um 650 gehört das Gebiet des heutigen L.'s zur islam. Staatenwelt. Von 1902 bis zum 2. Weltkrieg war es italienisches Interessensgebiet und Kolonie. Unabhängigkeitsjahr: 1951 als Königreich.

Madagaskar (Inselstaat im Ind. Ozean westlich der afrikan. O-Küste)

Bevölkerungszahl: 9 Mio.
Fläche: 587.041 km^2
Hauptstadt: Antanarivo
Amtssprache(n): Malagasy und Französisch
Kolonialgeschichte:
Zur Zeit der ersten portugies. und franz. Stützpunkte an der Küste im 16. Jh. bestanden mehrere Staatswesen, u.a. das Königreich Merina. Von 1787 an entwickelte sich ein fast ganz M. umfassender Staat. Die Insel wurde 1885 franz. Protektorat, 1896 franz. Kolonie. Unabhängigkeitsjahr: 1960

Malawi (Südl. Ostafrika)

Bevölkerungszahl: 6.1 Mio.
Fläche: 118.484 km^2
Hauptstadt: Lilongwe
Amtssprache(n): Englisch
Kolonialgeschichte:
Ab 1889 stand M. unter englischem Protektorat. Schloß sich 1953-63 (damals noch als «Njassaland») mit Südrhodesien (später Simbabwe) und Nordrhodesien (später Sambia) zusammen. Unabhängigkeitsjahr: 1964

Mali (West-Afrika)

Bevölkerungszahl: 7.2 Mio.
Fläche: 1.24 Mio km^2
Hauptstadt: Bamko
Amtssprache(n): Französisch
Kolonialgeschichte:
Ende des 19. Jh. eroberten franz. Truppen das Gebiet des heutigen M. Es war unter dem Namen Sudan ein Teil von Französisch-Westafrika, seit 1946 Übersee-Territorium Frankreichs. Unabhängigkeitsjahr: 1960

Marokko (Nordwest-Afrika)

Bevölkerungszahl:	20.242 Mio.
Fläche:	458.730 km^2 (ohne Westsahara)
Hauptstadt:	Rabat
Amtssprache(n):	Arabisch und Französisch

Kolonialgeschichte:
Die das Gebiet des heutigen M. bewohnenden Berberstämme gerieten v. Chr. unter den Einfluß der Phöniker, später der Karthager. Um 40 n.Chr.wurde M. Teil einer röm. Provinz. Mit der arab. Eroberung um 700 gehörte M. der islamischen Staatenwelt an unter ständig wechselnden berberischen und arabischen Dynastien. Im 19.Jh. gewannen Frankreich und Italien durch Protektorate auf M. Einfluß. Unabhängigkeitsjahr: 1956

Mauritius (Inselstaat im Ind. Ozean westlich von Madagaskar)

Bevölkerungszahl:	965.000
Fläche:	2045 km^2
Hauptstadt:	Port Louis
Amtssprache(n):	Englisch

Kolonialgeschichte:
Von 1598-1710 in niederländ. Besitz (damals noch nach Moritz von Nassau benannt), seit 1715 als Île de France französisch, seit 1810 brit. Kolonie. Unabhängigkeitsjahr: 1968 innerhalb des Commonwealth.

Maske, Zaire

Moçambique (Südost-Afrika am Ind. Ozean)

Bevölkerungszahl:	10.47 Mio.
Fläche:	783.030 km^2
Hauptstadt:	Maputo
Amtssprache(n):	Portugiesisch

Kolonialgeschichte:
An der Küste des heutigen M. bestanden seit dem 10. Jh. arab. Handelsplätze. Ab 1505 gründeten die Portugiesen dort ebenfalls Handelsniederlassungen und eroberten allmählich auch das Landesinnere. 1752 wurde M. portugies. Kolonie, 1951 Übersee-Provinz Portugals. Unabhängigkeitsjahr: 1975, nach Widerstandsbewegungen und dem Sturz der diktator. Regierung in Portugal.

Namibia (Westküste des südl. Afrikas)

Bevölkerungszahl:	1 Mio.
Fläche:	824.292 km^2
Hauptstadt:	Windhuk (Verwaltungssitz)
Amtssprache(n):	Afrikaans, Englisch, Deutsch

Kolonialgeschichte:
Nachdem die Christl. Missionare Einfluß gewonnen hatten, war das Gebiet 1884-1918 als Deutsch-Südwest-Afrika deutsches Schutzgebiet, 1919 kam es als Mandat des Völkerbundes unter südafrikan. Verwaltung. 1966 entzog die UNO der Republik Südafrika das Mandat und nannte das Land Namibia.

Niger (West-Afrika)

Bevölkerungszahl:	5.7 Mio.
Fläche:	1.267 Mio. km^2
Hauptstadt:	Niamey
Amtssprache(n):	Französisch

Kolonialgeschichte:
Seit 1890 ist N. franz. Einflußgebiet und wurde 1910 Teil Französisch-Westafrika. 1958 erhielt es autonomen Status. Unabhängigkeitsjahr: 1960 als Republik

Nigeria (West-Afrika)

Bevölkerungszahl: 77 Mio.
Fläche: 923.768 km^2
Hauptstadt: Lagos; zukünftig Abuja (im Aufbau)
Amtssprache(n): Englisch
Kolonialgeschichte:
1861 begann die brit. Kolonisierung. Mit der Verfassung von 1954 bekam N. ein föderatives parlamentar. System (heute 20 Bundesstaaten). Unabhängigkeitsjahr: 1960

Obervolta (Binnenstaat in West-Afrika)

Bevölkerungszahl: 6.9 Mio.
Fläche: 274.200 km^2
Hauptstadt: Ouagadougou
Amtssprache(n): Französisch
Kolonialgeschichte:
O. wurde 1896 von franz. Truppen besetzt und unter dem Namen «Haute-Volta» der Kolonial-Föderation Französisch-Westafrika eingegliedert. Unabhängigkeitsjahr: 1960

Ruanda (Binnenstaat in Ost-Afrika)

Bevölkerungszahl: 5 Mio.
Fläche: 26.338 km^2
Hauptstadt: Kigali
Amtssprache(n): Französisch und Kinyaruanda
Kolonialgeschichte:
1890 wurde R. Teil Deutsch-Ostafrikas. 1920-62 war es Teil des von Belgien als Mandat verwalteten Ruanda-Urundi. Unabhängigkeitsjahr: 1962

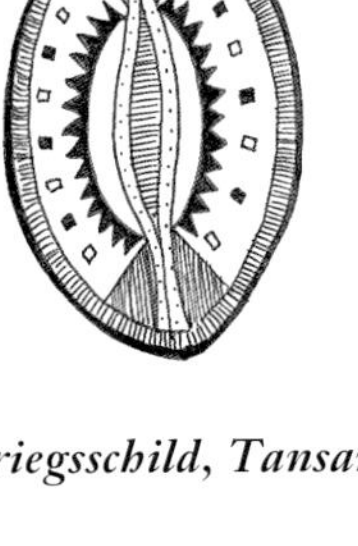

Kriegsschild, Tansania

Sambia (Südl. Afrika)

Bevölkerungszahl: 5.8 Mio.
Fläche: 746.254 km^2
Hauptstadt: Lusaka
Amtssprache(n): Englisch
Kolonialgeschichte:
Teilgebiete von S. wurden 1890 von der Britisch-Südafrikan. Gesellschaft besetzt und 1911 als Protektorat «Nordrhodesien» (nach C. Rhode benannt) zusammengefaßt. 1923 wurde S. unter brit. Kolonialverwaltung gestellt und 1953 mit Südrhodesien und Nyassaland zu einer Föderation zusammengeschlossen. Nordrhodesien und Nyassaland traten 1963 aus der Föderation aus und proklamierten die Unabhängigkeit. Unabhängigkeitsjahr: Nordrhodesien 1964 als Sambia

São Tomé e Principe (Inselstaat in West-Afrika)

Bevölkerungszahl: 90.000
Fläche: 964 km^2
Hauptstadt: São Tomé
Amtssprache(n): Portugiesisch
Kolonialgeschichte:
Im 15.Jh. wurden die Inseln britische Kolonie (Ansiedlung von Strafgefangenen und Sklaven). Sie war jahrhundertelang eine Zwischenstation im Sklavenhandel nach Amerika. 1951 erhielten die Inseln den Status einer Überseeprovinz. Unabhängigkeitsjahr: 1975

Senegal (West-Afrika)

Bevölkerungszahl: 5.7 Mio.
Fläche: 196.192 km^2
Hauptstadt: Dakar
Amtssprache(n): Französisch
Kolonialgeschichte:
Nach den Portugiesen (1446) und den Niederländern (1638) ließen sich im 17.Jh. die Franzosen im Gebiet des heutigen S. nieder und dehnten ihre Herrschaft im 19.Jh. aus. 1895 wurde die Kolonie S. Französisch-Westafrika eingegliedert. 1958 wurde S. autonome Republik innerhalb der französischen Gemeinschaft. Unabhängigkeitsjahr: 1960

Seychellen (Inselstaat im westl. Ind. Ozean, nördl. von Madagaskar)

Bevölkerungszahl: 62.000
Fläche: 443 km^2
Hauptstadt: Victoria
Amtssprache(n): Englisch und Französisch
Kolonialgeschichte:
Die seit 1743 franz. Inseln (nach einem franz. Seeoffizier benannt) wurden 1794 von den Briten erobert und waren seit 1903 mit anderen Inseln britische Kronkolonie. Unabhängigkeitsjahr: 1976

Sierra Leone (West-Afrika, am Atlant. Ozean)

Bevölkerungszahl: 3.5 Mio.
Fläche: 71.740 km^2
Hauptstadt: Freetown
Amtssprache(n): Englisch
Kolonialgeschichte:
Portugiesen entdeckten die Küste 1447 und gaben ihr den Namen «Sierra Leone» (Löwengebirge). 1787 gründeten die Engländer die Kolonie «Freetown» für befreite schwarze Sklaven. Das ganze Küstengebiet wurde 1808 Kronkolonie, das Hinterland 1896 britisches Protektorat. Unabhängigkeitsjahr: 1961

Simbawe (Binnenstaat im südl. Afrika)

Bevölkerungszahl: 7.4 Mio.
Fläche: 390.580 km^2
Hauptstadt: Harare (Salisbury)
Amtssprache(n): Englisch
Kolonialgeschichte:
1889/90 besetzte die Britisch-Südafrik. Kompanie unter C. Rhodes das Gebiet (damals Rhodesia genannt). 1953-63 schloß sich Südrhodesien mit Nordrhodesien (später Sambia) und Njassaland (später Malawi) zu einer Föderation zusammen. Unabhängigkeitsjahr: 1980

Somalia (Staat auf der Somalihalbinsel in Nordost-Afrika)

Bevölkerungszahl: 4.64 Mio.
Fläche: 637.657 km^2
Hauptstadt: Mogadischu
Amtssprache(n): Somali; Arabisch, Englisch, Italienisch sind Unterrichtssprachen.
Kolonialgeschichte:
Im 19. Jh. entstanden brit. und ital. Kolonien. Unabhängigkeitsjahr: 1960

Südafrika (Südspitze des afrikan. Kontinents)

Bevölkerungszahl: 28 Mio.
Fläche: 1.221.037 km^2
Hauptstadt: Pretoria
Amtssprache(n): Englisch und Afrikaans
Kolonialgeschichte:
Buschmänner, Hottentoten und Bantu-Völker sind die ältesten Bewohner Südafrikas. Im 17. Jh. begann die Einwanderung der niederländ. Siedler (Buren); die Briten setzten sich ab 1795 im Kapland fest. In den Burenkriegen 1899–1902 gewannen die Briten die Vorherrschaft. Sie schlossen die vier Provinzen zur Südafrikan. Union zusammen. Unabhängigkeitsjahr: 1931 innerhalb des Commonwealth.

Sudan (Nordost-Afrika)

Bevölkerungszahl: 18.5 Mio.
Fläche: 2.5 Mio.
Hauptstadt: Khartum
Amtssprache(n): Arabisch
Kolonialgeschichte:
1899–1953 war S. angloägypt. Kondominium (faktisch britische Kolonie) Unabhängigkeitsjahr: 1956

Swasiland (Binnenstaat in Südost-Afrika)

Bevölkerungszahl: 570.000
Fläche: 17.363 km²
Hauptstadt: Mbabane
Amtssprache(n): Swasi und Englisch
Kolonialgeschichte:
1907 wurde S. britisches Protektorat. Unabhängigkeitsjahr: 1968

Tansania (Ost-Afrika)

Bevölkerungszahl: 18.5 Mio.
Fläche: 945.087 km²
Hauptstadt: Daressalam
Amtssprache(n): Suaheli und Englisch
Kolonialgeschichte:
Mit der Ausbreitung des Islam entwickelte sich im Küstengebiet eine arab. Kultur eigener Prägung. 1500-1650 stand das Gebiet unter portugies. Herrschaft. Seit 1843 wuchs der britische Einfluß. Unabhängigkeitsjahr: 1961 im Rahmen des Commonwealth.

Togo (West-Afrika)

Bevölkerungszahl: 2.6 Mio.
Fläche: 56.000 km²
Hauptstadt: Lome
Amtssprache(n): Französisch
Kolonialgeschichte:
Seit 1884 deutsches Schutzgebiet, 1922 Völkerbundmandat, 1946 Treuhandgebiet der UNO, teils unter brit., teils unter franz. Verwaltung. England schloß Britisch-T. und Goldküste 1957 zu einem Staat Ghana zusammen. Unabhängigkeitsjahr: 1960 für Französisch-Togo

Tschad (Binnenstaat im Norden Zentralafrikas)

Bevölkerungszahl: 4.5 Mio.
Fläche: 1.284 Mio. km²
Hauptstadt: N'Djamena
Amtssprache(n): Französisch
Kolonialgeschichte:
Seit dem 15.Jh. wanderten Araber und Berber ein. Ende des 19.Jh. erlangte Frankreich die Vorherrschaft und gliederte das Gebiet der Kolonialföderation Französisch-Äquatorialafrika ein. Unabhängigkeitsjahr: 1960

Tunesien (Nord-Afrika)

Bevölkerungszahl: 6.4 Mio.
Fläche: 164.150 km²
Hauptstadt: Tunis
Amtssprache(n): Arabisch
Kolonialgeschichte:
Im Altertum war dieses Gebiet von verschiedenen Völkern besiedelt und umkämpft (u.a. Phöniker, Römer, Araber). Im Kampf gegen die Spanier eroberten die Türken 1574 das Land. 1881 wurde T. zum franz. Protektorat. Unabhängigkeitsjahr: 1956

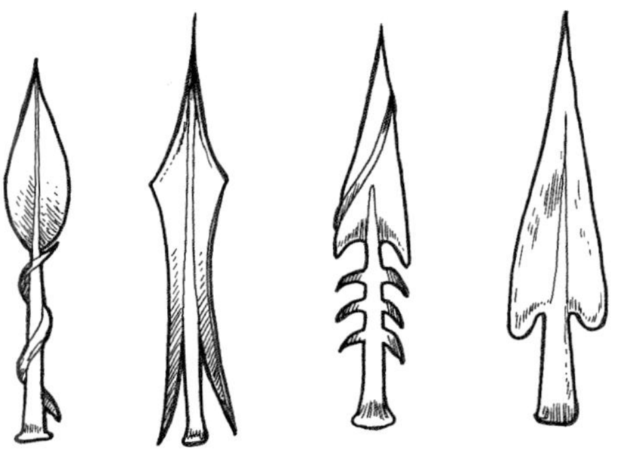

Speerspitzen, Ostafrika

Uganda (Ost-Afrika)

Bevölkerungszahl: 13.2 Mio.
Fläche: 42.383 km^2
Hauptstadt: Kampala
Amtssprache(n): Englisch
Kolonialgeschichte:
Bugunda, die stärkste Macht der damaligen Teilgebiete im Gebiet des heutigen U., schloß 1894 mit den Briten einen Protektoratsvertrag. Diese schloßen die Teilgebiete später zu einem Vielvölkerstaat zusammen. Unabhängigkeitsjahr: 1962

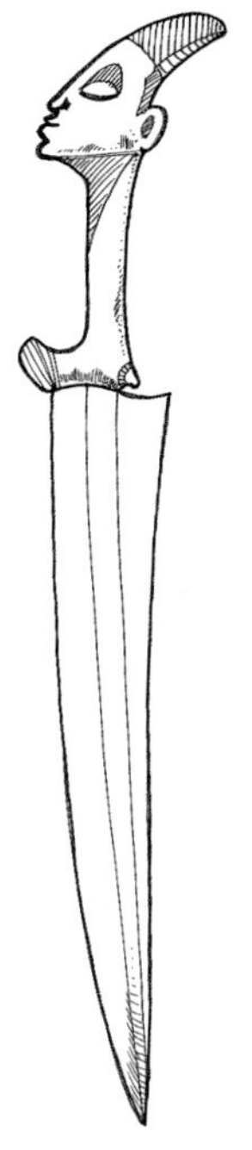

Dolch, Sambia

Zaire (Äquatorial-Afrika)

Bevölkerungszahl: 28.3 Mio.
Fläche: 2.345.406 km^2
Hauptstadt: Kinshasa
Amtssprache(n): Französisch
Kolonialgeschichte:
Der brit. Afrikareisende H.M. Stanley erwarb 1881-85 das Gebiet für den belgischen König. 1908 übernahm es der belg. Staat als Kolonie Belgisch-Kongo. Unabhängigkeitsjahr: 1960

Zentralafrikanische Republik (Binnenstaat in Zentralafrika)

Bevölkerungszahl: 2.3 Mio.
Fläche: 622.984 km^2
Hauptstadt: Bangui
Amtssprache(n): Französisch
Kolonialgeschichte:
1890 von Frankreich erobert und als «Ubangi-Schari» 1920 der Kolonialföderation Französisch-Äquatorialafrika eingegliedert. 1958 erhielt es unter dem Namen «Zentralafrikanische Republik» autonomen Status. Unabhängigkeitsjahr: 1960

Die wichtigsten Daten im Leben von Dr. David Livingstone

1813 19. März: David Livingstone wird im schottischen Blantyre als zweites von sieben Kindern geboren.

1823 beginnt er in der Baumwollspinnerei Mills zu arbeiten.

1836 schreibt er sich in die medizinische Fakultät des Anderson's College in Glasgow ein.

1840 2. Januar: er befindet sich in London und bereitet seinen Aufbruch nach Afrika als Missionar vor.
8. Dezember: er bricht nach Südafrika auf (er ist 27 Jahre alt).

1841 15. März: Ankunft in Kapstadt.
Dezember: er bricht zu einer Mission auf, die ihn einige hundert Kilometer nördlich von Kuruma führen soll.

1845 2. Januar: er heiratet Mary Moffat, die Tochter des evangelischen Pastors und Missionars Robert Moffat.
Im Februar zieht er mit seiner Frau in die Missionsstation von Kuruman.

1849 1. Juni: 1. Reise: Aufbruch von Kolobeng zum Fluß Zouga und zur Entdeckung des Ngamisees.

1850 Im April: 2. Reise: mit der Familie reist Livingstone auf Entdeckungsfahrt in das Gebiet nördlich des Ngamisees.

1851 Im April: 3. Reise: Livingstone erreicht den Chobe mit seiner Familie und einigen anderen Missionaren, er trifft die Makalolo und gelangt bis zum Sambesi.
27. November: Rückkehr nach Kolobeng.

1852 16. März: Rückkehr nach Kapstadt mit der Familie.

1853 Im September: Rückkehr zu den Makalolo nach Linyanti.
11. November: Abreise von Linyanti nach Luanda an der Westküste.

1854 1. März: die Gruppe erreicht Luanda.
20. September: Abreise von Luanda mit Ziel auf die Ostküste (Indischer Ozean).

1855 13. September: Ankunft in Linyanti.
3. November: Weiterreise entlang dem Lauf des Sambesi.
17. November: Livingstone entdeckt die Viktoriafälle.

1856 25. Mai: Ankunft in Quelimane in Moçambique am Indischen Ozean.
19. November: Livingstone wird in London als Nationalheld empfangen.

1857 7. Januar: Er wird von der englischen Regierung mit der Leitung der «Expedition Sambesi» betraut.

1858 10. März: Die «Expedition Sambesi» bricht in Liverpool auf.
1. Mai: Aufbruch aus Kapstadt in Richtung Sambesimündung.
20. September: Beginn der Shire-Expedition.

1859 9. Januar: Livingstone entdeckt die Murchison-Fälle.
8. April: er befindet sich am Chilwasee.
Ende April: er befindet sich am Njassasee (Malawisee).

1864 24. Juni: Abreise per Schiff nach England.
Juli: Ankunft in London.
16. September: Auftrag der Royal Geographic Society zur Suche nach den Nilquellen.

1865 13. August: Livingstone schifft sich erneut nach Afrika ein.

1866 Im Januar: Ankunft in Sansibar.
18. März: Aufbruch mit einer Trägerkarawane in das Innere des Landes.
23. August: Ankunft am Njassasee.
Mitte Sept.: Livingstone trifft auf den Fluss Shire.

1867 1. Januar: Überquerung des Loangwa.
Ende Januar: Überquerung des Chambesi.
1. April: Livingstone ist am Tanganyikasee.
8. November: er erreicht den Mwerusee.

1868 18. April: Aufbruch südwärts auf der Suche nach den Quellen des Lualaba.
18. Juli: Livingstone ist am Bangweulusee, wo er die Nilquellen entdeckt zu haben glaubt.

1869 1. Januar: er erkrankt schwer auf der Reise nach Ujiji.

1870 Juli – Februar 1871: er wird von Geschwüren an den Füßen in Bambarre aufgehalten.

1871 23. Oktober: Rückkehr nach Ujiji, Livingstone ist krank, und die Vorräte sind erschöpft.
3. November: Stanley findet ihn krank und unterernährt in Ujiji.
13. Dezember: beide Forscher gehen gemeinsam auf Entdeckungsreise am Tanganyikasee.

1872 18. Februar: beide kehren nach Unyanyembe zurück.
14. März: Stanley begibt sich zur Ostküste; am 1. August ist er in England.
19. März: Livingstone wird in Unyanyembe 59 Jahre alt.
9. August: die von Stanley gesandten Vorräte treffen in Ujiji ein.
25. August: Livingstone bricht zu seiner letzten Expedition auf die Suche nach den Nilquellen auf.

1873 Mitte Januar: er ist am Bangweulusee.
10. April: er wird von schweren Blutungen heimgesucht.
Ende April: er erreicht Chitambo.
1. Mai: Livingstone stirbt.
Seine Leiche wird nach Bagamoyo überführt.

1874 15. April: Der Sarg trifft in Southampton ein, wo ihn eine ungeheure Menge in Empfang nimmt.
18. April: Livingstone wird in der Londoner Westminster Abtei beigesetzt.